KB275458

高 필 히

수능숙어 절대지존

지 은 이　김 형 탁

발 행 일　초판 3쇄

발 행 인　문 덕

책임편집　Design Sue (pattra @hanmail.net)

발 행 처　도서출판 지수

　　　　　서울시 마포구 공덕동 영명빌딩 502호

　　　　　Tel. 717-6010~1　Fax. 717-6012

ISBN | 89-950399-4-9 13740

숙어.. 숙어.. 숙어..

숙어를 공부하다보면 저절로 고개가 숙여집니다. 외운다고 외워도 까먹는 건 기본이요 거기다가 헷갈리기 까지.. 여러분들을 그토록 괴롭히는 숙어란 놈의 정체는?

여러분 숙어가 한자로 무슨 뜻인지 아세요?
: 익을 숙 : 말씀 어 ⇒ '단어와 단어가 합쳐져 비로소 무르익은 말'이 바로 숙어입니다. 이제껏 우리가 숙어에 그토록 약하게 무너질 수밖에 없었던 것은 바로 숙어 이 말 자체를 제대로 몰랐기 때문입니다. 단어와 단어의 본래 의미를 무시하고 그냥 외우려고 즉, 날로 먹으려고(?) 했으니 배탈이 나듯 그토록 안 외워진 것은 너무도 당연한 일이었겠지요.
밥도 익혀 먹고 김치도 익혀 먹고 청국장도 오랜 시간 익혀 먹듯 숙어도 익혀 먹어야 합니다. 다시 말해 단어와 단어의 뜻을 제대로 파악하고 그 단어들의 합성 의미를 이해해야 합니다. 익혀 먹은 음식이 소화 도 잘되고 몸에도 좋듯 숙어를 숙어답게 익혀서 외워야 기억에도 오래 남고 실제 영어를 사용하고 문제를 푸는 데 있어서도 큰 도움이 됩니다.

여러분 영어 몇 년 공부하시고 이 책을 잡으셨나요? 3년? 5년? 아니면 10년?..
그럼 이 쉬운 두 숙어의 뜻 정도는 잘 아시겠네요.. take to, get around..
take to는? 그럼 get around는?...

머릿속에 답이 잘 떠오르시나요? 그럼 come down with가 '병에 걸리다'가 되는 것과
put up with가 '무엇을 참다'의 뜻이 되는 건 이해가 잘 되시나요?

이 중 어느 것 하나도 제대로 이해가 되지 않는다면 이 책을 반드시 들고 가서 공부하세요.
당신의 영어 실력 향상에 이 탁쌤이 변화의 한 획을 그어드릴 것을 약속합니다.

이 책은 영어 실력 향상을 위해 밤낮없이 열심히 공부하는 사랑하는 우리 학생들에게 정말 제대로 된 숙어 학습법을 제시하고자 필자가 수년의 걸친 연구와 노력으로 자존심을 걸고 세상에 내놓은 것입니다. 이제껏 어떠한 책도 중요 숙어의 무차별 나열을 통해 학생들에게 일방적인 암기를 강요해왔을 뿐 제대로 된 숙어 학습법을 가르쳐 준 책은 없었습니다.
이 책은 숙어가 잘 외워지고 또 기억에 오래 남고 또 잊어버렸을 경우 쉽게 찾아보고 다시 확실히 외워질 수 있도록 도움을 주고자 하는 일념으로 쓴 책입니다.

늘 곁에 두고 공부하고 또 찾아보고 함께 한다면 여러분의 영어 실력 향상에 분명 큰 일조를 할 것이라 자부합니다.

공부는 정직한 노력이 뒷받침되어야 합니다. 그냥 저냥 쉽게 실력은 늘지 않습니다. 정직한 노력! 그 마음만 갖고 이 책을 펼쳐보세요.. 여러분의 영어 실력 향상으로 보다 나은 삶의 위치로 올라가는 것이 필자의 가장 큰 바램이자 기쁨입니다.

여러분의 건강과 성공을 기원하며..

2009년 9월 末..
김형탁 드림

– 이 책의 학습 방법 –

고필히 숙어는 필자가 수년간 수능을 비롯한 각종 시험에 출제된 숙어들 중 고등학교 수준에서 필(必)히 암기하여야 하는 1000개의 숙어를 엄선하여 단순한 암기로서가 아닌 친절한 설명으로 자연스럽게 외워질 수 있도록 구성한 과학적인 책입니다. 여러분들이 이 책의 1000개 숙어를 모두 공부하여 알 수 있다면 수능 시험 및 각종 영어 시험에서 더 이상 숙어로 인해 불합격될 일은 없을 것이라 확신합니다. 또한 고필히 영단어의 2000개 단어와 함께 공부한다면 수능 영어의 모든 영단어와 영숙어들은 단 번에 마침표를 찍을 수 있습니다. 여러분은 이 책을 통해 영어에 자신감을 키울 수 있습니다. 우리 제대로 마음먹고 정직한 노력으로 함께 공부를 시작합시다!

PART I : 최중요 숙어 100개

필자의 수년간의 연구 끝에 수능을 비롯한 각종 시험에 가장 많이 출제되는 최중요 100개의 숙어를 엄선하여 전면에 실었습니다. 이 100개의 숙어들은 시험 적중률 최상위에 있는 숙어들임은 물론 독해 실력 향상의 밑거름이 되는 숙어들인 만큼 100% 완벽하게 암기하여야 합니다. 이 100개의 숙어들은 시험을 치르기 전 마지막 점검 자료로도 훌륭하게 활용될 수 있습니다. 여러분의 합격을 한 걸음 더 앞당길 수 있는 숙어들인 만큼 옆의 친구가 100개의 숙어 중 어떤 것을 말하더라도 그 뜻이 바로 입에서 나올 수 있도록 해야 합니다.

PART II : Phrasal Verbs(구동사)

기본 동사와 전치사로 결합된 숙어들을 Phrasal Verb(구동사)라 합니다. 실제로 미국인들은 구동사를 대화나 글에서 대단히 많이 사용하는데 영어를 공부하는 우리에겐 헷갈리고 알쏭달쏭한 부분이기도 합니다. 이에 필자는 구동사의 의미가 만들어지는 원리를 〈기본개념〉이라는 부분을 통해 쉽고 친절하게 그 본래 의미를 풀어놓았습니다. 고필히 숙어만의 획기적인 숙어 학습법입니다. 여러분들은 이 〈기본개념〉 부분을 먼저 읽고 실제의 뜻을 공부한다면 그 까다롭고 어렵기만 했던 구동사가 술술 풀려나갈 겁니다. 다시 한 번 말씀드리지만 반드시 〈기본개념〉 부분을 읽고 실제 뜻으로 넘어가셔야 합니다. 다음 예처럼 말이죠..

come about → 〈기본 개념〉 (결과가) 주변으로 오다 : about 주변 → (일이) 일어나다, 발생하다

get around → 〈기본 개념〉 (장애물을) 돌아서 가다 → (머리를 써서) ~을 피하다

중요 숙어편은 여러분들이 실질적으로 숙어 실력을 급성장시킬 수 있는 부분입니다. 실제로 너무 쉽거나 쓸 데 없이 어려운 불필요한 숙어들은 과감히 제외시키고 독자 여러분들이 꼭 알아야 할 중요 숙어들만을 냉철하게 엄선하여 찾아보고 공부하기 쉽게 스펠링 순으로 실었습니다. 하지만 이 책을 선택하여 공부하는 여러분들께 무조건적인 암기를 강요해서는 안 된다는 필자의 강박관념이 고스란히 담겨 있는 부분이기도 합니다. 평소 잘 이해가 되지 않았던 숙어들의 의미를 〈탁쌤의 tip〉과 〈기본 개념〉 부분을 통해 간단명료하게 설명하여 여러분의 암기를 도와줄 것입니다. 또한 헷갈리는 숙어들 간의 비교와 함께 동의 숙어와 반의 숙어, 관련 숙어까지 여러분들의 눈이 지나가는 방향대로 자연스럽게 공부해나갈 수 있도록 세심한 배려가 깔려있습니다. 순차적으로 착실하게 공부해나가신다면 이 중요 숙어편을 마칠 때 즈음 여러분이 준비하고 있는 시험과 독해에서 이미 고득점은 예약해 놓은 것입니다.

구문 숙어편은 이 책의 마지막 부분이자 필자가 가장 세심하게 주의를 기울인 부분이기도 합니다. 숙어 공부를 하다보면 가장 까다로운 부분 중 하나가 바로 비교급 숙어들과 특정 구문으로 이루어진 숙어들입니다. 기존 책들에는 이 숙어들이 중간 중간에 무작위로 등장하여 암기도 잘 안될뿐더러 나중에 찾아보기도 어려웠습니다. 이에 필자는 구문 숙어편을 「1. 비교급 숙어 2. 구문 숙어 3. 어법 숙어 4. 회화 숙어」4단계로 구성하여 각 그룹별로 독자들이 일관성을 갖고 공부할 수 있도록 배려하였습니다. 영어의 질(quality)이 높아지는 부분이 바로 구문 숙어편입니다. 또한 꼼꼼히 공부하셔야 할 부분이기도 합니다.

자~ 여러분 어떻습니까? 한껏 공부하고픈 의욕과 자신감이 생기지요?
고필히 숙어의 4단계 숙어 완성 프로그램! 이제 고교 숙어를 통해 얻을 자신감으로 여러분의 영어 실력이 비약적으로 발전할 것을 확신합니다. 고필히 숙어를 통해 여러분은 한 층 수준 높은 영어학도가 될 것입니다.

Contents

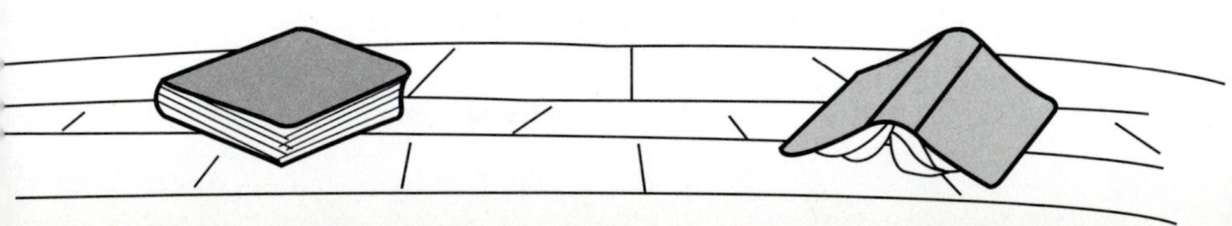

고필허 영숙어 PART1
시험에 꼭 나오는
최우선 영숙어 100선

1

A as well as B

B 뿐만 아니라 A도(not only A but also B)

- They own a house in America **as well as** a villa in Australia.
  그들은 호주에 별장뿐만 아니라 미국에도 집 한 채를 갖고 있다.

2

according to

~에 따르면, ~에 따라

- **According to** the study, man can live up to 120.
  그 연구에 따르면 인간은 120살까지 살 수 있다.

3

account for

① 설명하다(explain) ② 차지하다(make up)

- Recent pressure at work **accounts for** his behavior.
  직장에서의 최근 압박이 그의 행동을 설명해준다.
- Cancer **accounts for** 25% of the whole death rate.
  암이 전체 사망률의 25%를 차지한다(= cause).

탁쌤의 Tip **account** 명) ① 설명 ② 이유 ③ 중요성 ④ 고려

more **be of (great) account** (대단히) 중요하다

4

agree with

~와 동의하다

- I **agree with** you. 당신에게 동의합니다.
- I **agree with** your conclusion. 당신의 결론에 동의합니다.

agree to

~에 동의하다, 받아들이다(accede to)

- I **agree to** your offer. 당신의 제안에 동의합니다.
- I **agree to** your request. 당신의 요구를 받아들입니다.

agree on

~에 동의하다

- They **agreed on** the contract. 그들은 그 계약에 동의했다.

탁쌤의 Tip **agree with** (어떤 사람 또는 그 사람이 말한 것에) 같은 의견을 갖다
agree to　(~의 제안, 요구에) 응하거나 받아들이다
agree on　(양자 모두 만족할 만한 결정에) 동의하다

5

| **all but** | 거의(almost) |

- His left arm was **all but** useless.
  그의 왼팔은 거의 쓸 수 없었다.

| **anything but** | 결코 ~아닌(never) |

- Maria is **anything but** stupid!
  마리아(Maria)는 결코 어리석지 않다.

| **nothing but** | 단지(only) |

- He is **nothing but** a criminal.
  그는 범죄자에 지나지 않는다.

> 틱쌤의 Tip **but** 전) ~을 제외하고(except)

CHECK-UP TEST

1. Can you <u>explain</u> your viewpoint? 당신의 견해에 대해 설명해주시겠어요?
   a. account for   b. make up

2. She was <u>almost</u> dead. 그녀는 거의 죽을 지경이었다.
   a. all but   b. nothing but

3. She is <u>anything but</u> his girl friend. 그녀는 결코 그의 여자친구가 아니다.
   a. only   b. never

4. The newsstands sell a lot of books <u>as well as</u> newspapers.
   가판대는 신문뿐만 아니라 많은 책들도 판다.
   a. besides   b. except

5. He <u>agrees with</u> me completely. 그는 나에게 전적으로 동의한다.
   a. consents to   b. makes up

정답 1.a 2.a 3.b 4.a 5.a

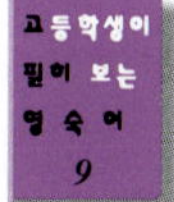

6

a lot[lots] of — 많은(much)

- We paid **a lot of** money for the house.
  우리는 그 집에 많은 돈을 지불했다.

   a lot과 lots는 같은 뜻임.
  a lot of people = lots of people 많은 사람들

a good[great] deal of — 상당히 많은(very much)

- It took **a good deal of** time and effort.
  그것은 상당히 많은 시간과 노력이 들었다.

7

apply A to B — A를 B에 적용시키다

- It would be unfair to **apply** the rule **to** everyone.
  그 규칙을 모든 사람에게 적용시키는 것은 불공정한 일이 될 것이다.

apply to — ~에 적용되다

- The rules **apply to** everyone.
  그 규칙들은 모든 사람에게 적용된다.

> **more** **apply oneself to** ~에 전념하다(commit oneself to)
> - He **applied himself to** improving the technique. 그는 그 기술을 증진시키는데 전념했다.

8

apply for — (일자리 · 허가 등을) 신청[지원]하다

- I **applied for** a job with the company.
  난 그 회사에 일자리를 신청했다.

> **비교** **apply to** (학교나 회사 등에) 지원하다
> - I **applied to** the university. 난 그 대학에 지원했다.

9

as soon as ~하자마자(On ~ing)

- **As soon as** she entered the room, she knew there was something wrong.
  집에 들어서자마자 그녀는 무언가가 잘못되었다는 것을 알았다.

- **비교 as soon as possible** 가능한 한 빨리
  - Try to get the car fixed **as soon as possible**.
    차 좀 가능한 한 빨리 고쳐주세요.

10

as to + 절 / as for + 명 ~에 관해(about)

- You should make decisions **as to** weather you'll invest the company.
  그 회사에 투자할 지의 여부에 관에 당신은 결정해야 합니다.
- **As for** me, I have nothing to complain of.
  저로서는 불평할 게 없습니다.

CHECK-UP TEST

1. I don't know <u>as to</u> when he is promoted. 난 그가 언제 승진될지 모르겠다.
   a. about   b. from

2. Call me back ____________ you get the news.
   소식을 알게 되면 바로 다시 전화 줘.

   a. on the other hand   b. as soon as

3. This law __________ every immigrant. 이 법은 모든 이민자들에게 적용된다.
   a. applies to   b. comply with

4. <u>A lot of</u> water has flowed under the bridge. 많은 물이 다리 아래로 흘러갔다.
   a. many   b. much

정답 1.a 2.b 3.a 4.b

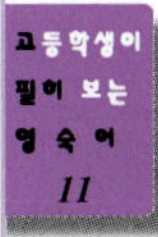

11

ask for

요구[요청]하다(require)

- Some people find it difficult to **ask for** help.
  어떤 사람들은 도움을 요청하는 것이 어렵다고 느낀다.

> 탁쌤의 Tip **ask for** : ~대해서 묻다 → ~에 대해서 요구하다

12

at all

전혀, 조금도

- "Do you mind if I stay a little longer?"
  "No, not **at all**"
  "제가 조금 더 있으면 불편하세요?" "아뇨, 전혀요."

> 탁쌤의 Tip **at all**은 주로 부정문이나 의문문에 나옴

13

at once

① 즉시(immediately)   ② 동시에(at the same time)

- She wants to see you **at once**.
  그녀는 즉시 당신을 만나고 싶어 한다.
- I can't do both things **at once**.
  난 동시에 두 가지 일을 못해.

14

attend to

① (사람을) 돌보다(see to)   ② (일을) 처리하다(deal with)

- Dr. Graham **attends to** the patient.
  그라함(Graham) 박사님이 그 환자를 돌본다.
- We should **attent to** the problem.
  우리는 그 문제를 처리해야한다.

> more **attend** 타) ~에 참석[출석]하다
> - **attend** the meeting[class] 모임에 참석하다
>   / 수업에 출석하다

15

be about to + ⓥ

막 ~하려고 하다(be on the point of ~ing)

- The film **is about to** begin.   영화가 막 시작되려고 한다.

> 기본 개념 ~하는 것의 주변에 있다 : **about** (여기저기) 주변

16 be capable of ~할 수 있다(be able to +ⓥ)

- I don't think he **is capable of** committing a crime.
  나는 그가 범죄를 저지를 수 있다고 생각하지 않는다.

  [탁쌤의 Tip] **be incapable of** ~할 수 없다(be unable to +ⓥ)

17 be free from[of] ~이 없다(be devoid of)

- These drinks **are free from** artificial colorings.
  이 음료들에는 인공 색소가 들어가 있지 않습니다.

  [탁쌤의 Tip] **free** 형) ① 자유로운 ② ~이 없는

18 because of ~ 때문에(due to, owing to)

- I got interested in soccer **because of** Denny.
  난 데니 때문에 축구에 관심을 가졌다.

  [탁쌤의 Tip] **because** 접속사 → 절을 이끔 /
  because of → 뒤에 명사가 옴

CHECK-UP TEST

1. I <u>am capable of handling</u> a machine. 나는 기계를 잘 다룰 수 있다.
   a. am poor at handling   b. am able to handle

2. Ask for help <u>at once</u>. 즉시 구조를 요청해라.
   a. immediately   b. at the same time

3. He <u>attends to</u> the sick day and night. 그는 환자를 밤낮으로 돌본다.
   a. applies to   b. sees to

4. He ___________ go out because of a date. 그는 데이트 때문에 막 외출하려던
   참이었다.
   a. was about to   b. was around to

정답 1.b 2.a 3.b 4.a

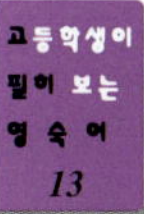

19

be good at ～을 잘하다
be poor at ～에 서투르다

- She **is good[poor] at** singing.
그녀는 노래를 아주 잘[못] 부른다.

20

be likely to + ⓥ ～할 것 같다(be inclined to +ⓥ)

- Oil prices **are likely to** rise again this month.
기름값이 이번 달에 다시 오를 것 같다.

〔탁쌤의 Tip〕「**be likely that**절」의 형태도 가능

be unlikely to + ⓥ ～하지 않을 것 같다

21

be obliged to + ⓥ 어쩔 수 없이 ～하다(be compelled to +ⓥ)

- They **were obliged to** close the factory.
그들은 어쩔 수 없이 공장 문을 닫아야했다.

be obliged to + 사람 ～에게 감사하다(be thankful to)

- I**'m** very much **obliged to** you.
당신께 대단히 감사드립니다.

22

be responsible for ～에 대해 책임이 있다(be liable for)

- He **is responsible for** her death.
그가 그녀의 죽음에 대한 책임이 있다.

23

be subject to + ⓝ ～에 영향을 받다(be susceptible to)

- The plan **is subject to** his approval.
그 계획은 그의 승인을 받아야한다.

be subject to + ⓥ ～하기 쉽다(be prone to +ⓥ)

- The plan **is subject to** change.   그 계획은 바뀌기 쉽다.

〔탁쌤의 Tip〕 **subject** 어원 :

sub(under)+ject(throw) ⇒ 아래로 던지다

「**be subject to** ～의 아래에 던져져 있다」니 영향을 잘 받겠죠.

24

be supposed to + ⓥ ① ~하기로 되어있다 ② ~해야 한다(should, ought to)

- The meeting **is supposed to** take place on Tuesday.
  그 모임은 화요일에 열리기로 되어있다.

- We**'re supposed to** check out of the hotel by 12 o'clock
  우리는 12시까지 그 호텔에서 계산을 치루고 나가야 한다.

25

be to + ⓥ　　　① ~할 예정이다 ② ~해야 한다(have to)

- They **are to** be married in June.
  그들은 6월에 결혼할 예정이다.

- All staff **are to** wear uniforms.
  모든 직원들은 유니폼을 입어야 한다.

26

be used to　　~에 익숙하다(be accustomed to)

- I**'m used to** gett**ing** up early.
  난 일찍 일어나는 것에 익숙해져 있다.

  (more) **get used to** ~에 익숙해지다
  - I **got used to** my new job.
    난 새로운 일에 익숙해졌다.

CHECK-UP TEST

1. I <u>am used to</u> being stuck in a traffic jam. 나는 교통체증으로 꼼짝 못하는 것에
익숙해져 있다.

 a. am to   b. am accustomed to

2. It will <u>be likely to</u> rain tomorrow. 내일 비가 올 것 같다.
 a. be inclined to   b. be free from

3. The students <u>were obliged to</u> have their hair cut.
학생들은 어쩔 수 없이 머리를 잘랐다.
 a. were thankful to   b. were compelled to

4. Babies <u>are subject to</u> get sick. 아기들은 아프기 쉽다.
 a. are responsible for   b. are prone to

정답 1.b 2.a 3.b 4.b

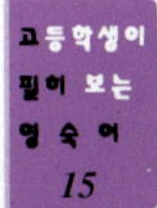

27

believe in
(~의 존재를, ~의 됨됨이를) 믿다

- Do you **believe in** god? 너 신을 믿니?

- My mother always **believes in** me.
  우리 엄마는 늘 나를 믿어주셔.

(비교) **believe** (~의 말을) 믿다
- I think the police don't **believe** his story.
  내 생각엔 경찰이 그의 이야기를 믿지 않을 것 같은데.

28

by means of
~에 의해, ~을 통해

- The teacher explained the theory **by means of** a diagram. 선생님께서 도표를 통해 그 이론을 설명하셨다.

(탁쌤의 Tip) **means** 명) 수단

(비교) **by no means** 전혀 ~아니다(not ~ by any means)
- It is **by no means** certain that the conference will take place. 그 회담이 열리게 될 지 전혀 확실치 않다.

29

cannot help ~ing
cannot but + ⓥ
~하지 않을 수 없다(have no alternative[choice] but to + ⓥ)

- I **couldn't help** thin**k**ing about the mistake.
  = I **couldn't but** think about the mistake.
  나는 그 실수에 대해 생각하지 않을 수 없었다.

30

compare A with B
A와 B를 비교하다(contrast A with B)

- The police **compared** the suspect's fingerprints **with** those found at the crime scene.
  경찰은 용의자의 지문과 범죄 현장에서 발견된 것들을 비교했다.

compare A to B
A를 B에 비유하다

- The poet **compared** her eye **to** a lake.
  그 시인은 그녀의 눈을 호수에 비유했다.

31

consist of
be composed of
be made up of — ~로 구성되다

- The human body **consists of** / **is composed of** / **is made up of** billions of tiny cells.

사람의 몸은 수십억 개의 아주 작은 세포들로 구성된다.

(비교) **consist in** ~에 있다(lie in)

- Happiness **consists in** our life.
  행복은 우리의 삶 속에 있다.

32

cope with — (어려움에) 대처하다(deal with)

- Young Sam **coped** well **with** his father's sudden death. 어린 샘은 아버지의 갑작스런 죽음에 잘 대처했다.

CHECK-UP TEST

1. <u>I couldn't but</u> turn off the TV. 나는 TV를 끄지 않을 수 없었다.
   a. had no choice but to   b. was supposed to

2. My class <u>consists of</u> 30 students.
   우리 학급은 30명의 학생으로 구성되어 있다.
   a. is compared with   b. is composed of

3. She believes in UFO ____________ her own theory.
   그녀는 자신만의 이론에 의해 UFO의 존재를 믿는다.
   a. at the mercy of   b. by means of

4. Shakespeare __________ the world __ a stage. 셰익스피어는 세상을 무대에 비유하였다.
   a. contrasted - to   b. compared - to

정답 1.a 2.b 3.b 4.b

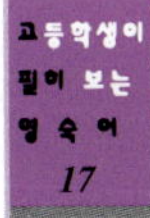

33 count on

~에 의지하다(bank on)

- You can **count on** me.   나에게 의지하렴.

(more) **count in** ~을 포함하다(include)
count out ~을 제외시키다(exclude)

34 deal with

(일을) 다루다, 처리하다(treat)

- **deal with** complains from customers
고객들의 불만들을 처리하다

(비교) **deal in** (상품을) 사고팔다(trade)

- The shop **deals in** computer equipment.
그 상점은 컴퓨터 장비를 사고판다.

(탁쌤의 Tip) **deal** 명) ① 거래 ② 많은 양

35 depend on

~에 의지[의존]하다(rely on)

- The price **depends on** the demand.
가격은 수요에 의존한다.

(탁쌤의 Tip) **on** 접촉 → 의지
(동의 숙어) **rest on, count on, fall back on**

36 dispose of

① ~을 처분하다(get rid of) **② 팔다**(sell)

- find a way to **dispose of** garbage
쓰레기를 처분하기 위한 방법을 찾다
- **dispose of** my old car   내 오래된 차를 팔다

(탁쌤의 Tip) **disposal** 명) 처분 → **at one's disposal** ~의 마음대로인

- She placed her car **at my disposal** for the
week.   그녀는 자신의 차를 한 주 동안 나에게 맡겼다.

37 distinguish A from B

A와 B를 구별하다(tell[know] A from B)

- **distinguish** truth **from** falsehood.
진실과 거짓을 구별하다

38

due to + ⓝ   ~때문인(owing to)

- Our production was delayed **due to** a strike.
  우리의 생산이 파업 때문에 지연되었다.

be due to + ⓥ   ~할 예정이다(be supposed to +ⓥ)

- His new book **is due to be** published next year.
  그의 새로운 책이 내년에 출간될 예정이다.

틱쌤의 Tip   due의 원뜻은 '빚지고 있는'

39

engage in   ~을 하고 있다, 실행하다(perform)

- Only 10% of American adults **engage in** regular exercise. 미국 성인들의 단 10%만이 정기적인 운동을 하고 있다.

more **be engaged to**   ~와 약혼하다
- My brother **was engaged to** a beautiful woman. 내 동생은 아름다운 여자와 약혼했다.

CHECK-UP TEST

1. I <u>rely on</u> my father due to economic difficulties.
   나는 경제적 어려움 때문에 아버지에게 의존한다.
   a. depend on   b. attend on

2. This work is hard to <u>deal with</u>.   이 일은 처리하기 어렵다.
   a. agree with   b. cope with

3. Finally he <u>disposed</u> of his property. 결국 그는 자신의 재산을 처분했다.
   a. sold   b. treated

4. Westerners can't _________ a Japanese ______ a Korean.
   서양인들은 한국인과 일본인을 잘 구별 못한다.
   a. distinguish - from   b. distinguish - in

정답 1.a 2.b 3.a 4.a

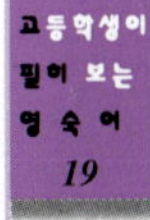

40

feel like ~ing
would like to + Ⓥ] ~하고 싶다(want to + Ⓥ)

- I don't **feel like** going to school.   학교에 가고 싶지 않다.
  I'd like to see that film.   나 저 영화 보고 싶다.

41

figure out   이해하다(understand)

- I can't **figure out** your words.
  난 너의 말을 이해할 수 없다.

> 탁쌤의 Tip **figure** 명) ① 모양 ② (중요한) 인물 ③ 〈복수〉 수치

42

for good]
for ever]   영원히(permanently)

- This drug will clear up the disease **for good[ever]**.
  이 약이 그 병을 영원히 없애줄 것이다.

> 탁쌤의 Tip 좋은 것은 오래가는 것 : **for good** 오래가는 → 영원히

43

for sale   팔기 위한

- This product is not **for sale**.
  이 제품은 판매하는 제품이 아닙니다.

> 비교 **on sale** 판매중인
> - The new product will go **on sale** next week.
>   그 신제품이 다음 주에 판매됩니다.

44

get rid of   ~을 없애다, 제거하다(do away with)

- I made an effort to **get rid of** my debts.
  난 빚을 없애기 위해 노력했다.

> 기본 개념 **of** : 제거 · 박탈

45

get the picture — 이해하다(figure out)

- Oh, I **get the picture**. You're in love with Muriel.
  오! 알겠어. 니가 뮤리엘(Muriel)과 사랑에 빠졌단 말이지.

(기본 개념) (머릿속에) 그림을 얻다 → 이해하다

46

had better + Ⓥ — ~하는 편이 낫다, ~해야 한다(ought to +Ⓥ)

- You**'d better** phone to say you'll be late.
  늦는다고 전화해야 되겠다.

(탁쌤의 Tip) **had better** 자체를 조동사로 이해! → 뒤엔 본동사

47

**in fact
as a matter of fact** — 사실(actually, in practice)

- That painting is rather simple but **in fact** it's very unique.
  = as a matter of fact
  저 그림은 다소 단순해 보이지만 사실 아주 독특하다.

CHECK-UP TEST

1. I would like to <u>figure out</u> what is wrong. 무엇이 잘못된 건지 알고 싶다.
   a. take out　　　　　b. get the picture

2. The beauty of diamond lasts <u>permanently</u>. 다이아몬드의 아름다움은 영원히
   지속된다.
   a. for good　　　　　b. for sale

3. You must <u>get rid of</u> your bad habit. 너의 안 좋은 버릇을 없애야 한다.
   a. oppose　　　　　b. remove

4. __________, this is not for sale in the domestic market.
   사실, 이것은 국내 시장에선 팔지 않는다.
   a. In fact　　　　　b. In falsehood

정답 1.b 2.a 3.b 4.a

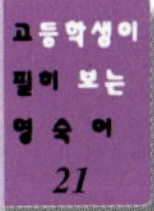

48

in favor of

~에 찬성[지지]하여(in support of)

- I voted **in favor of** the proposal.
  나는 그 제안에 찬성표를 던졌다.

> **탁쌤의 Tip** 도움을 청할 때 **favor**(호의)를 이용해 다음과 같이 말합니다.
> - Can you do me a **favor**?   부탁 좀 드려도 될까요?

49

in general

대체로, 일반적으로(generally, as a rule)

- **In general**, parents care more about their children's health than about their own.
  일반적으로 부모님들은 자신들보다는 아이들의 건강을 더 걱정하신다.

on the whole

대체로, 전체적으로(all in all)

- **On the whole** you have been very fortunate.
  전체적으로 넌 운이 아주 좋아.

50

in order to + ⓥ

~하기 위하여(so as to +ⓥ)

- Samuel trained every day **in order to** improve his performance.
  사무엘은 자신의 공연을 향상시키기 위해 매일 매일 연습했다.

> **탁쌤의 Tip** 「**in order for** +명」, 「**in order that** 절」의 형태로도 쓰임

51

in particular

특히(particularly, especially)

- Mothers **in particular**, feel a strong bond with their children.
  어머니들은 특히 그들의 아이들에게 강한 애착을 느낀다.

more **in part** 부분적으로(partly)

52

in spite of ~에도 불구하고(despite)

- **In spite of** the language difficulty, we soon became friends. 언어적 어려움에도 불구하고 우리는 곧 친구가 되었다.

> **[틱쌤의 Tip]** **despite**는 전치사이므로 뒤에 **of**가 붙으면 안 됨. **despite of**(X)

> **(more)** **in spite of oneself** 자신도 모르게
> - The picture made me laugh **in spite of myself**. 그 사진을 보고 나도 모르게 웃어버렸다.

53

in the[one's] way 방해되어

- Your car's **in the way**, I can't get out of my garage. 당신 차가 방해돼요. 내가 차고에서 나올 수가 없잖아요.

on the[one's] way 도중에(en route)

- I'm **on my way** to school. 학교에 가고 있는 중이다.

> **(비교)** **in the way** 길 안에 막고 있는 → 방해되어
> **on the way** 길 위에 있는 → 도중에

CHECK-UP TEST

1. You had better speak <u>in favor of</u> the government.

   너는 정부를 지지하여 얘기하는 편이 나았다.

   a. in support of   b. in practice

2. <u>In general</u>, women live longer than men. 대체로, 여자가 남자보다 오래 산다.

   a. On the whole   b. In particular

3. <u>Despite</u> his misplay, he won a bronze medal.

   그는 실책에도 불구하고 동메달을 땄다.

   a. Instead of   b. In spite of

4. Do your best <u>in order to</u> achieve your dream.

   꿈을 이루기 위해 최선을 다해라.

   a. so that   b. so as to

정답 1.a 2.a 3.b 4.b

54 · insist on — ~을 계속[고집]하다(persist in)

- He has **insisted on** his assertion.

  그는 자신의 주장을 고집해왔다.

> 탁쌤의 Tip **on** 접촉 → 계속
>
> - insist는 타동사로도 쓰이며 주로 뒤에 **that**절을 취한다.

55 · instead of — ~대신에, ~말고(rather than)

- Put in tuna **instead of** ham. 햄 말고 참치 넣어.

56 · interfere with[in] — ~을 간섭[방해]하다(meddle in)

- Don't **interfere in** my affairs! 내 일에 간섭 하지 마!

> 탁쌤의 Tip **interfere**는 자동사이므로 항상 전치사 **in** 또는 **with**가 뒤에 나와야 함.(어법중요)

57 · keep company with — ~와 함께 있다, 동행하다(accompany)

- I'll **keep company with** him for the weekend.

  나는 주말 동안 그와 함께 있을 거야.

> 탁쌤의 Tip **company** 명) ① 동행 ② 회사
> **accompany** 타) ~와 동행하다

58 · laugh at — ~를 비웃다(despise)

- Don't **laugh at** me! 날 비웃지 마!

> 기본 개념 한 사람을 콕 짚어 웃다 → 비웃다

59 · lead to — ~로 이어지다, 통하다(be connected to)

- A medical error **led to** the death of the patient.

  의료 과실이 그 환자의 죽음으로 이어졌다.

> 탁쌤의 Tip **lead A to B** A를 B로 이끌다

60

let alone

~은 말할 것도 없고(to say nothing of)

- **The baby can't even sit up yet, let alone walk!**
  그 아기는 걷는 것을 말할 것도 없고 아직 앉을 수도 없다.

（동의 숙어） **not to speak of, needless to say, go without saying that**

61

listen to

(귀 기울여) 듣다, 경청하다(be all ears)

- **I always listen to the radio in the morning.**
  나는 아침에 항상 라디오를 듣는다.

62

look like

~처럼 보이다(seem to +ⓥ)

- **It looks like rain, so let's go inside.**
  비 올 것 같으니까 안으로 들어가자.

（탁쌤의 Tip） **like** 전) ~처럼 : rain은 동사가 아닌 명사

CHECK-UP TEST

1. She <u>insists on</u> free competition instead of equality.
   그녀는 평등 대신 자유경쟁을 주장한다.
   a. persists in　　　　　　b. interferes in

2. I usually <u>keep company with</u> my mom for shopping.
   난 보통 쇼핑은 엄마랑 간다.
   a. accompany　　　　　　b. make it

3. How dare you <u>despise</u> me? 어떻게 감히 네가 나를 비웃어?
   a. listen to　　　　　　b. laugh at

4. He __________ a secret agent. 그는 비밀요원처럼 보인다.
   a. looks like　　　　　　b. looks alike

정답 1.a 2.a 3.b 4.a

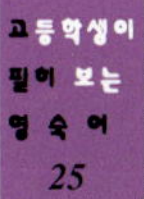

63 make it

① 제시간에 도착하다(arrive in time) **② 해내다**(succeed in)

- I think we won't **make it** on time.
  우리 제 시간에 도착하지 못할 것 같은데.
- I never thought I'd pass the exam, but somehow **I made it**.
  나는 시험에 합격했다고 생각하지 않았지만 어떻게 합격했다.

[기본 개념] (원하던) 그것(**it**)을 만들어내다(**make**)

64 make sense

뜻이 통하다, 이해되다(be understood)

- Why did she do a thing like that? It doesn't seem to **make sense**.
  왜 그녀가 그런 일을 했을까? 이해가 안 돼.

[비교] make sense of ~을 이해하다
- I can't **make sense of** her behavior.
  난 그녀의 행동을 이해할 수 없다.

it makes sense for + 사람 + to + ⓥ ~가 ~하는 것은 현명한 일이다

- **It makes sense for you to save** money while you can.
  할 수 있는 동안 당신이 돈을 모으는 것은 현명한 일이다.

65 need to + ⓥ

~해야 한다

- You **need to see** a doctor now.
  너 지금 의사한테 가봐야겠다.

[탁쌤의 Tip] 「**need to + ⓥ**」는 **should**보다 가벼운 느낌으로 ~ '해야 한다' 라는 뉘앙스

• '~해야 한다' 에 대한 여러 표현들
must (상황이나 법적으로) ~해야 한다 ▶ 명령조의 아주 강한 느낌
have to / have got to (필요 · 명령에 의해) ~해야 한다
▶ **must**와 비슷한 표현
　should (현명하거나 도덕적으로) ~해야 한다
　ought to ~해야 한다 ▶ **should**와 같지만 딱딱한 표현

66

not A but B   A가 아니라 B

- The problem is **not** their lack of funding, **but** their lack of planning.
  그 문제는 자금 부족 때문이 아니라 그들의 계획 부족 때문이다.

탁쌤의 Tip **not A but B**에서는 **A, B**가 같은 품사가 들어와야 한다는 것 → 병치!

67

not only A but also B   A뿐만 아니라 B도 (B as well as A)

- Shakespeare was **not only** a writer **but also** an actor. 셰익스피어는 작가일 뿐만 아니라 배우이기도 했다.

탁쌤의 Tip **not only A but also B**에서도 **A, B**가 같은 품사가 들어와야 한다는 것 → 병치!

CHECK-UP TEST

1. Your behavior doesn't <u>make sense</u> at all.
   네 행동은 전혀 이해가 안 된다.
   a. understand   b. undermine

2. He likes _______ mathematics _______ physics.
   그는 수학뿐만 아니라 물리학도 좋아한다.
   a. not - but   b. not only - but also

3. You _______ prepare tomorrow's lesson in advance.
   너는 내일 수업을 미리 예습해야한다.
   a. need to   b. dare to

정답 1.a 2.b 3.a

68

object to ~ing

~하는 것에 반대하다(oppose)

- I **object to** strik**ing** the contract.
  난 그 계약을 체결하는 것에 반대한다.

> 탁쌤의 Tip **to**는 전치사이므로 뒤엔 명사 or 동명사

69

of course

물론, 당연히

- "Do you believe her?" "**Of course,** I do."
  "너 그 여자 말 믿니?" "물론이지, 난 믿어."

70

on purpose

고의로(deliberately)

- I didn't do it **on purpose**. It was only an accident.
  난 고의로 그걸 한 게 아니야. 그건 단지 사고일 뿐이었어.

> 탁쌤의 Tip **purpose** 명) 목적, 의도 : **on** 접촉

71

on the other hand

반면에(however)

- This is a good chance to make a lot of money.
  On the other hand, there are risks involved.
  이것은 많은 돈을 벌 수 있는 좋은 기회다. 반면에 필연적인 위험들도 있다.

72

on time

제시간에

- The bus is usually **on time**.
  그 버스는 보통 제시간에 도착한다.

in time

시간 안에, 늦지 않게

- Will you be able to finish it **in time**?
  너 그것을 시간 안에 끝낼 수 있어?

73 out of order — 고장 난(broken)

■ My old car is **out of order** again.
내 오래된 차가 또 고장이다.

(기본 개념) **정돈된 상태**에서 벗어난
order 명) 질서 – **in order** 질서 있는

74 pay off — ① 빚을 갚다 ② 성과를 내다(bear fruit)

■ I'll **pay off** all my debts.   내 모든 빚을 다 갚을 거야.
■ Her efforts **paid off** when she was promoted to supervisor.
그녀가 관리자로 승진되자 그녀의 노력들이 성과를 거두었다.

(more) **pay back** 되갚다(repay)
■ How are you going to **pay back** all that money? 너 그 돈 다 어떻게 갚으려고 해?

CHECK-UP TEST

1. I <u>object to</u> discriminating the colored people.
나는 유색인종을 차별하는 것에 반대한다.
  a. oppose   b. agree

2. He stepped on my foot <u>deliberately</u>. 그는 고의로 내 발을 밟았다.
  a. on the other hand   b. on purpose

3. Elevator is <u>out of order</u> again. 엘리베이터가 또 고장이다.
  a. broken   b. out of work

4. We need to arrive <u>on time</u>. 우리는 제시간에 도착해야 한다.
  a. punctually   b. beforehand

정답 1.a 2.b 3.a 4.a

75 prefer A to B

A를 B보다 더 좋아하다(like A more than B)

- I **prefer** classical music **to** rock.
  나는 록(음악)보다 클래식(음악)을 더 좋아한다.

탁쌤의 Tip **prefer**는 비교급에 **than** 대신 **to**를 쓴다는 것에 주의!!

76 provide A with B

A를 B에게 공급하다(supply[furnish] A with B)

- The volunteers **provided** the flood victims **with** food.
  = The volunteers **provided** food **for** the flood victims.
  자원봉사자들이 홍수 피해자들에게 음식을 공급했다.

more **provide for** ① ~에 대비하다 ② (가족을) 부양하다

- We must **provide for** the enemy's attack.
  우리는 적의 공격에 대비해야 한다.
- Without work, how can I **provide for** my children?
  일하지 않고 어떻게 내가 내 아이들을 부양할 수 있겠는가?

77 rather than

~보다는, ~대신에(instead of)

- I prefer cooking with olive oil **rather than** butter.
  나는 버터보다는 올리브 오일로 요리하는 것을 좋아한다.

78 refer to A as B

A를 B로 언급하다(mention)

- Marry **referred to** her **as** a dear friend.
  메리는 그녀를 소중한 친구로 언급했다.

more **refer to** ~을 참조하다

- I **referred to** the book for my homework.
  난 숙제를 위해 그 책을 참조했다.

79 regard A as B

A를 B로 생각[간주]하다(look on A as B)

- I have **regarded** him **as** a real friend.
  나는 그를 진정한 친구로 생각해왔다.

탁쌤의 Tip **regard** 명) ① 존중 ② 주의, 고려

80

result in — (결과가) ~로 끝나다(end in)

- The accident **resulted in** his death.
  그 사고는 그의 죽음으로 끝났다.

result from — (결과적으로) ~에서 기인되다(stem from)

- Lung cancer **results from** smoking.
  폐암은 흡연으로 인해 생긴다.

81

rob A of B — A에게서 B를 빼앗다(deprive A of B)

- They **robbed** him **of** his all belongings.
  그들이 그에게서 그의 모든 소지품들을 빼앗아갔다.

(more) **steal B from A** A로부터 B를 훔치다
- He **stole** money **from** his parents.
  그는 부모님으로부터 돈을 훔쳤다.

CHECK-UP TEST

1. I prefer Korean food ____ fast food. 나는 패스트푸드보다 한식이 더 좋다.
   a. than   b. to

2. People <u>regard</u> 7 <u>as</u> the lucky number. 사람들은 7을 행운의 숫자로 여긴다.
   a. look on - as   b. rob - of

3. Cows provide people ____ milk. 소는 사람들에게 우유를 제공해준다.
   a. with   b. to

4. The game <u>ended in</u> our complete failure. 그 게임은 우리의 완패로 끝났다.
   a. resulted from   b. resulted in

정답 1.b 2.a 3.a 4.b

82 so ~ that 너무 ~해서 ~하다

- She was **so** weak **that** she couldn't stand up.
  그녀는 너무 약해서 일어설 수도 없었다.

(more) **so that**이 붙으면, 뜻은 **그래서** or **그 결과**
  - He studied hard **so that** he could go to the best university.
    그는 열심히 공부해서 최고의 대학에 갈 수 있었다.

83 so as to +  ~하기 위해(in order to +ⓥ)

- We went upstairs, **so as to** wake up the children.
  우리는 아이들을 깨우기 위해 윗층으로 올라갔다.

so as not to + ⓥ ~하지 않기 위해(in order not to +ⓥ)

- We went downstairs, **so as not to** wake up the children. 우리는 아이들을 깨우지 않기 위해 아래층으로 내려갔다.

(more) **so ~ as to + ⓥ** 너무 ~해서 ~하다
  - He got up **so** late **as to** get to school behind time. 그는 너무 늦게 일어나 학교에 지각했다.

84 so far / as yet / to date 지금까지, 여태껏(up to now)

- **So far** I haven't borrowed any money.
  = I haven't borrowed any money **as yet**[**to date**].
  난 지금까지 돈을 빌려본 적이 없다.

85 stick to (원칙·규칙 등을) 지키다(adhere to)

- Martin was determined to **stick to** his principle.
  마틴은 자신의 원칙을 지키기로 결심했다.

(more) **stick to one's guns** 자신의 입장을 고수하다
  - I knew I was right and I **stuck to my guns**.
    나는 내가 옳다는 것을 알았고 내 입장을 고수했다.
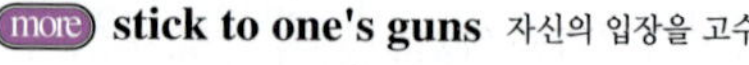

86

| succeed in | ~에 성공하다 |

- We **succeeded in** winning the contract.
우리는 그 계약을 따내는데 성공했다.

| succeed to | ~을 잇다, 계승하다 |

- His son **succeeded to** the throne.
그의 아들이 왕위를 계승했다.

> **탁쌤의 Tip** **succeed** 어원적 의미 : 가까이 가다
> **succeed in** (원하는 것) 안에 들어오다 → 성공하다
> **succeed to** ~에 (가까이) 뒤따르다 → 계승하다

87

| such as | ~와 같은, 예를 들어(for example[instance]) |

- Cartoon characters **such as** Mickey Mouse and Snoopy are still popular.
미키마우스와 스누피같은 캐릭터는 여전히 인기가 있다.

> **탁쌤의 Tip** 「**such A as B** : B와 같은 그러한 A」형태로도 쓰임

CHECK-UP TEST

1. So far, I have always <u>stuck to</u> the rules.
지금까지, 나는 언제나 규칙을 지켜왔다.
   a. adhered to   b. objected to

2. She has lived alone <u>up to now</u>. 그녀는 여태껏 혼자 살아왔다.
   a. as yet   b. not yet

3. Many infants suffer from diseases <u>such as</u> asthma.
많은 유아들이 천식과 같은 병을 앓고 있다.
   a. like   b. and the like

4. It is ____ heavy ____ I can't lift it. 그건 너무 무거워서 들 수가 없다.
   a. too - to   b. so - that

정답 1.a 2.a 3.a 4.b

88

suffer from　　～을 앓고[겪고] 있다

- She has **suffered from** headache.
  그녀는 두통을 앓아왔다.

[탁쌤의 Tip] **suffer** 타) ～을 경험하다(experience)
- She is **suffering** a lot of pain.
  그녀는 많은 고통을 겪고 있다.

89

take advantage of　　① ～을 이용하다(make use of)
　　　　　　　　　　② 이용해먹다, 착취하다(exploit)

- I **took advantage of** the fine weather to paint my house.
  난 좋은 날씨를 이용해 집에 페인트를 칠했다.
- Don't lend them your money!
  - they're are **taking advantage of** you!
  그 사람들한테 돈 빌려주지 마! 그들은 너를 이용해먹고 있어!

[탁쌤의 Tip] **take advantage of** + 사람 (나쁜 쪽으로) 이용해먹다

90

take care of　　① (사람을) 돌보다(look after)
　　　　　　　② (일을) 처리하다(deal with)

- Nurses **take care of** patients.
  간호사들은 환자들을 돌본다.
- There are a lot of things to **take care of**.
  처리해야 할 일들이 많다.

(more) **Take care of yourself!** 몸 조심해!
Take care! 잘 가～ : 친구나 가족끼리 헤어질 때 하는 말.
Good bye～와 같은 표현

91

take + 목 + into account
take account of + ⓝ　　⌉～을 고려하다(make allowances for)

- The figures do not **take** the inflation rate **into account**.
  = The figures do not **take account of** the inflation rate.
  그 수치는 물가상승률을 고려하지 않고 있다.

92

take place 열리다, 개최되다(be held)

- Where is the exposition **taking place**?
  그 박람회 어디서 열려요?

(비교) **take the place of** ~을 대체하다(substitute)

93

tend to + Ⓥ ~하는 경향이 있다(be prone to +Ⓥ)

- Dave **tends to** arrive late.
  데이브는 늦게 도착하는 경향이 있다.

94

too ~ to + Ⓥ 너무 ~해서 ~할 수 없다

- He was **too** ill **to** travel!
  그는 너무 아파서 여행을 갈 수가 없었다.

CHECK-UP TEST

1. The Olympic Games <u>are held</u> every four years.
   올림픽은 4년마다 개최된다.
   a. took place   b. took into account

2. I should <u>look after</u> my little sister after school.
   나는 방과 후 어린 여동생을 돌봐야 한다.
   a. take care of   b. take advantage of

3. It was ______ hot ____ go out. 너무 더워서 밖에 나갈 수가 없었다.
   a. so - that   b. too - to

4. Girls _______ be keep company with their best friend.
   여자아이들은 가장 친한 친구하고만 다니는 경향이 있다.
   a. stick to   b. tend to

정답 1.a 2.a 3.b 4.b

95 to the point

적절한(relevant)

- Her comments were short and **to the point**.
  그녀의 설명은 짧고 적절했다.

탁쌤의 Tip **point** 명) 요점

비교 **beside the point** 요점에서 벗어난

96 under the weather

몸이 안 좋은(out of sorts)

- You look a bit **under the weather**.
  너 몸이 좀 안 좋아 보인다.

탁쌤의 Tip 선원들이 날씨(비바람)에 따라 몸 상태가 영향 받음에서 유래

97 under way

진행 중인(on the way)

- The construction of the building is **under way**.
  그 건물의 건축 공사가 진행 중이다.

98 (be) up to

① ~까지 ② ~할 능력이 있는
③ ~을 꾸미고 있는 ④ ~에게 달려 있는

- The Stadium can hold **up to** 50,000 spectators.
  그 스테디움은 관중을 5만명까지 수용할 수 있다.
- Tim is not **up to** the job.   팀은 그 일을 할 능력이 없다.
- I don't know what he is **up to**.
  그 사람이 무슨 일을 꾸미고 있는지 모르겠어.
- It's **up to** you.   그건 너한테 달려 있어.

기본 개념 ~에 미치다, ~에 (바짝) 붙다

99 work out

① 해결하다(solve) ② 운동하다(exercise)

- We have to **work out** this problem.
  우리는 이 문제를 해결해야 한다.
- He **works out** every day in the gym.
  그는 매일 체육관에서 운동한다.

기본 개념 열심히 해서 (결과를) 밖으로 내다

100

yield to   ～에 지다, 양보하다(give way to)

- Finally she **yielded to** temptation and helped herself to a slice of cake.
  결국 그녀는 유혹에 져서 케이크 한 조각을 먹었다.

탁쌤의 Tip **yield** 타) 생산[산출]하다(produce)

CHECK-UP TEST

1. Negotiations are <u>on the way</u>. 협상이 진행 중이다.
   a. under way   b. under the weather

2. Who can <u>work out</u> this crisis? 누가 이 위기를 해결할 수 있을까?
   a. exercise   b. solve

3. The enemy <u>yielded to</u> our soldiers. 적군이 아군에게 굴복하였다.
   a. gave way to   b. was up to

4. Go straight ______ the gas station on the corner.
   모퉁이에 있는 주유소까지 직진하세요.
   a. until   b. up to

정답 1.a 2.b 3.a 4.b

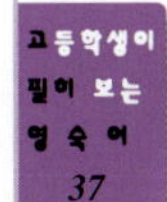

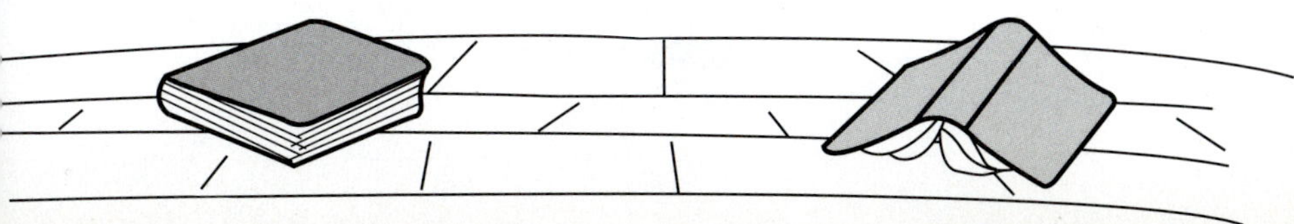

고필히 영숙어 PART2

구동사
(Phrasal Verbs)

1 blow — (바람이) 불다, (입으로 바람을) 불다

1. blow out — (불이) 꺼지다

- The match **blew out** in the wind.
  성냥이 바람에 꺼졌다

2. blow up
① 폭파시키다, 폭발하다(explode)
② 바람을 넣다(fill + 목 + in air)

- The terrorists **blew up** the plane.
  그 테러리스트들이 비행기를 폭파시켰다.

- **blow up** the balloon   풍선을 불다

> **기본 개념** (바람 불어) 완전히 날려버리다 : up '다, 완전히' 란 뜻의 강조부사

2 break — 깨다, 중단 시키다

1. break down
① 고장나다(be broken) ② 자제력을 잃다
③ 분석하다(analyze)

- Our car **broke down**.   우리 차가 고장 났다.
- She **broke down** and cried.   그녀는 자제력을 잃고 울었다.
- With a computer you can **break** the data **down**.
  컴퓨터로 그 데이터를 분석할 수 있다.

▶ **breakdown** 명) 실패, 고장

> **기본 개념** (정상이던 상태가) 단절되다, 쪼개다

2. break in
① 침입하다(enter), 끼어들다(interrupt)
② 길들이다(domesticate)

- Thieves **broke in** the building.
  도둑들이 건물 안으로 침입했다.

- I went for a walk to **break in** my new shoes.
  난 내 신발을 길들이기 위해 산책했다.

> **기본 개념** 깨고 들어가다

3. break into
① 침입하다(enter) ② 갑자기 ~하다(burst into)
③ 돈을 쓰다(spend money)

- Someone **broke into** my car and stole the navigation.
  누군가 내 차에 침입해 네비게이션을 훔쳐갔다.

- The audience **broke into** loud applause.
  관객들이 갑자기 큰 박수를 보냈다.

- I had to **break into** my savings to pay the hospital fees.
  병원비를 내기 위해 난 예금을 깨야했다.

(기본 개념) 깨고 안으로 들어가다

4. break out
(전쟁·질병 따위가) 발생[발발]하다(burst out)

- The war **broke out** when I was young.
  내가 어렸을 때 전쟁이 터졌다.

▶ **outbreak** 명)(전쟁·질병 등의) 발생, 발발

(기본 개념) 깨고(터져) 나오다

5. break through
뚫고 나가다, 돌파하다

- Several demonstrators **broke through** the barriers.
  몇몇 시위운동자들이 장벽을 뚫고 나갔다.

▶ **breakthrough** 명)돌파, 발전

(기본 개념) (부수고)통과해나가다

CHECK-UP TEST

1. They <u>exploded</u> the rock with dynamite.
   그들은 다이너마이트로 바위를 폭파시켰다.
   a. blew up   b. blew out

2. A fire <u>burst out</u> in the building. 건물에서 화재가 발생했다.
   a. breaks out   b. breaks in

3. The boy <u>broke into</u> our conversation. 그 소년이 우리의 대화에 끼어들었다.
   a. started   b. interrupted

4. The soldiers __________ a frontier. 군인들이 국경을 돌파하였다.
   a. break away   b. broke through

정답 1.a 2.a 3.b 4.b

6. break up
① (완전히) 부서지다(shatter)　② 해산시키다, 흩어지다(disperse)
③ (관계가) 끝나다

- The car was **broken up** by the serious crash.
  그 자동차는 심한 충돌에 의해 완전히 부서졌다.

- When the police arrived the crowd **broke up** very quickly.
  경찰이 도착하자 군중이 아주 빠르게 흩어졌다.

- The couple **broke up** last year.　그 커플 작년에 깨졌어.

> **기본 개념** 완전히 깨지다 : up '다, 완전히' 란 뜻의 강조부사

3　bring　가져오다

1. bring about
~을 초래[야기]하다(produce, cause)

- The war has **brought about** disease and death.
  전쟁이 질병과 죽음을 가져왔다.

> **기본 개념** (결과를) 주변으로 가져오다 : about 주변!

2. bring up
① (아이를) 키우다, 교육하다(educate)
② (이야기를) 꺼내다, 언급하다(mention)

- David was **brought up** by wealthy parents.
  데이비드는 부유한 부모 밑에서 자랐다.

- Is there anything else you want to **bring up**?
  다른 하고 싶은 말 있으십니까?

▶ **upbringing** 명) 교육, 양육(education)

> **기본 개념** 위로 가져오다

4　burst　터지다

1. burst into
갑자기 ~하다

- Laura **burst into** tears and ran out of the room.
  로라는 울음을 터뜨리며 방에서 뛰어나갔다.

> **탁쌤의 Tip** 우리말도 울음이 터지다(burst)죠?

2. burst out 갑자기 ~하다

- When I saw his hat I **burst out** laughter.
  그의 모자를 보고 난 웃음을 터트렸다.

  `탁쌤의 Tip` burst into = burst out 둘 다 같은 뜻!

---

5 call 부르다

1. call for ~을 요구하다(demand, require)

- Human Rights groups have **called for** the release of political prisoners.
  인권 단체들은 정치범들의 석방을 요구해왔다.

  `기본 개념` ~을 위해 말하다

2. call off ~을 취소하다(cancel)

- The football match was **called off** because of the rain.
  그 풋볼 경기는 비로인해 취소되었다.

3. call on 방문하다, 들르다(drop by, stop by)

- Why don't you **call on** me on you way home?
  집에 오는 길에 나한테 잠깐 들르지 그래?

  `탁쌤의 Tip` **call** 동)① 부르다 ② 들르다 : **on**은 접촉!

CHECK-UP TEST

1. I _______ with my boy friend yesterday. 나는 어제 남자친구와 헤어졌다.
   a. broke up   b. broke even

2. I <u>educated</u> my child strictly. 나는 아이를 엄격하게 교육시켰다.
   a. brought up   b. brought about

3. The game was <u>canceled</u> due to bad weather conditions.
   악천후로 경기가 취소되었다.
   a. called out   b. called off

4. The task _______ great courage. 그 일은 큰 용기를 필요로 한다.
   a. calls for   b. calls at

정답 1.a 2.a 3.b 4.a

4. call out　　(크게) 외치다(shout)

- He **called out** to me in the distance.
그가 멀리서 나에게 외쳤다.

기본 개념 밖으로 (크게) 소리 내어 부르다

more **raise one's voices** (화가 나서) 언성을 높이다

6　carry　① 옮기다 ② 갖고 있다

1. carry on　　계속하다(continue)

- She decided to **carry on** working after having the baby.
그녀는 출산 후에도 계속 일을 하기로 결정했다.

기본 개념 계속 옮겨가다 : on 접촉 → **계속**

2. carry out　　실행[수행]하다(fulfill, implement)

- The police is **carrying out** an investigation of the incident.
경찰에서 그 사건에 대한 수사를 수행하고 있다.

비교 **carry off** (일을) 성공적으로 완수하다(do+목+successfully)

- I'm not sure if I could **carry** the work **off**.
제가 그 일을 잘 해낼 수 있을지 모르겠어요.

7　catch　잡다

1. catch on　　① 인기를 끌다(become popular)
　　　　　　　　② ~을 이해[터득]하다(figure out)

- Sports dancing has **caught on**. 스포츠 댄싱이 인기를 끌었다.

- They finally **caught on** to our explanation.
그들은 결국 우리의 설명을 이해했다.

탁쌤의 Tip 우리말에도 '**잡다**'가 두 가지로 쓰이죠.
① 사로**잡다** → 인기를 끌다 ② 감**잡다** → 이해하다

2. catch up with ~을 따라잡다(overtake)

- The police car **caught up with** the stolen car.
  경찰차가 그 도난 차량을 따라잡았다.

  (기본 개념) ~을 (바짝 붙어) 따라잡다 : up 바짝 붙어서

---

8 come 오다

일단 come에서 재미있는 표현 하나 배우고 넘어갈까요?
I'm coming. 의 뜻은? '(상대방 쪽으로) 지금 가요~; 나 왔어요.' 입니다.
- "Dinner's ready" "Yes, mom. I'm coming."
  "저녁 다됐다." "네, 엄마. 지금 가요~"
영어에선 나와 상대방이 가까워지는 것은 come이고 멀어지는 것은 go를 씁니다.
I'm coming은 회화에서 상대방 쪽으로 (가까워져) 가고 있다라는 의미입니다.

1. come about (일이) 일어나다, 발생하다(happen)

- Our problems **came about** because we ignored the
  advice of experts.
  우리의 문제들은 전문가들의 충고를 무시했기 때문에 발생했다.

  (기본 개념) (결과가) 주변으로 오다 : about 주변

CHECK-UP TEST

1. I'll ______ my acting career. 나는 연기 활동을 계속할 것이다.
   a. carry on   b. call on

2. You must <u>carry out</u> your mission. 너의 임무를 수행해야 한다.
   a. progress   b. fulfill

3. The policeman <u>called out</u> to the criminal to stop. 경찰관은 범인에게 멈추라
   고 소리쳤다.

   a. required   b. shouted

4. I'll make an effort to _______ them. 나는 그들을 따라잡기 위해 최선을 다
   할 것이다.
   a. catch on   b. catch up with

정답 1.a 2.b 3.b 4.b

2. come across　　~을 우연히 만나다[발견하다](run across)

- I **came across** an old diary in her desk.
  난 책상에서 오래된 일기장을 우연히 발견했다.

  (기본 개념) 서로 오가다 만나다

  (동의 숙어) **run into, bump into, stumble upon, meet ~ by chance**

3. come along　　(일이) 진행되다(progress)

- The work on the new house is **coming along** very well.
  새 집에 대한 작업이 아주 잘 진행되고 있다.

  (기본 개념) (계획대로 잘) 따라오다

4. come by　　① 얻다(obtain, gain) ② (잠시) 들르다(stop by)

- Good jobs were hard to **come by**.
  좋은 일자리들은 얻기 힘들다.

- I'm going to **come by** your place.
  너희 집에 잠깐 들르려구.

  (기본 개념) 바로 옆에 오다 : by ~의 (바로) 옆에

5. come down with　　(병에) 걸리다(contract)

- He **came down with** asthma.　　그녀는 천식에 걸렸다.

  (기본 개념) (병을 갖고 기력이) 떨어지다 : come down with 뒤에 병명이 나옴

6. come of　　~의 결과이다(result from)

- I'll let you know what **comes of** the meeting.
  그 모임 결과가 무엇인지 알려드릴게요.

  (기본 개념) (결과가) ~에서 오다

7. come off　　① 떨어져 나가다 ② 성공하다(succeed)

- A button has **come off** my jacket.
  내 자켓에 단추가 떨어져나갔다.

- The performance **came off** pretty well.
  그 공연은 아주 성공적이었다.

  (기본 개념) 떨어져나가다 : come off의 '성공하다' 의 뜻은 구어체 표현!

8. come to
① 도착[도달]하다(reach, get to)
② (의식을) 회복하다(come around)

- We **came to** the conclusion.   우리는 결론에 도달했다.
- When he **came to**, he was lying on a bed in a hospital.
  의식을 회복했을 때, 그는 병원의 침대에 누워있었다.

(기본 개념) ~에 도착하다 : to 종착

(탁쌤의 Tip) come to의 '(의식을) 회복하다' 의 뜻은 come to oneself에서 oneself가 빠진 형태!(이 뜻이 중요함!!)

9. come up to
~에 미치다, 부합하다(reach)

- This product doesn't **come up to** the standard.
  이 제품은 표준에 부합하지 않는다

(기본 개념) ~에 가까이 다가오다 : up to ~에 바짝 붙어

10. come up with
~을 생각해내다(invent)

- I've **come up with** some of answers.
  나는 몇 가지 답을 생각해냈다.

(기본 개념) (생각을) 떠올리다

CHECK-UP TEST

1. They <u>ran across</u> in the street in 5 years.
   그들은 5년 만에 길에서 우연히 마주쳤다.
   a. came across　　　　b. came along

2. The mailman <u>comes by</u> my house at about nine.
   우편집배원은 우리 집에 9시쯤 들른다.
   a. obtains　　　　b. stops by

3. That cow _________ mad cow disease. 저 소는 광우병에 걸렸다.
   a. came down with　　　b. came of

4. Suddenly she __________ an idea.
   갑자기 그녀가 한 가지 아이디어를 생각했냈다.
   a. came up with　　　　b. came about

정답 1.a 2.b 3.a 4.a

9   cut   자르다

1. cut down   줄이다, 삭감하다(reduce)

- If you can't give up smoking completely, try to **cut down**. 담배를 완전히 끊을 수 없다면 줄이려고 노력해봐.

기본 개념 잘라 내리다

2. cut off   ① 중단시키다(interrupt) ② 절교하다

- The gas had been **cut off**. 가스가 끊겼다.

- She **cut** herself **off** from her friends.
  그녀는 친구들과 절교했다.

기본 개념 잘라 떨어뜨리다

10   do   (행동을) 하다

1. do away with   ~을 폐지[제거]하다(abolish, get rid of)

- The government **did away with** free school meals.
  정부는 무료 학교 급식을 폐지했다.

기본 개념 ~을 떨어뜨리다, 없애다

2. do without   ~없이 지내다(dispense with)

- Don't worry - we can **do without** you.
  걱정 마. 너 없이도 우린 잘 지낼 수 있으니까.

기본 개념 ~없이 하다

3. do up   ① (단추 · 자크를) 잠그다, 채우다 ② (건물을) 수리하다(renovate)

- **Do up** your coat or you'll get cold.
  코트 (자크) 잠 궈. 안 그러면 추울 거야.

- They **did up** the cottage to live there.
  그들은 그곳에 살기 위해 시골집을 수리했다

기본 개념 완전하게 하다 : up 다, 완전히

11 draw ① 끌다 ② 그리다, 쓰다

1. draw on — ~을 이용하다 (make use of)

- I **drew on** my savings to buy a laptop.
난 노트북 컴퓨터를 사기 위해 저금한 돈을 썼다.

탁쌤의 Tip 우리말에도 '끌어다 쓰다' 라는 말이 있지요?

2. draw up — (문서를) 작성하다 (fill out)

- They **drew up** the contract last year.
그들은 지난해 그 계약서를 작성했다.

기본 개념 draw 쓰다 + up 다 → (문서의 빈 칸을) 다 쓰다

CHECK-UP TEST

1. <u>Reduce</u> expense and increase saving. 지출을 줄이고 저축을 늘려라.
  a. Cut off   b. Cut down

2. Many countries <u>got rid of</u> capital punishment.
많은 국가들이 사형 제도를 폐지하였다.
  a. did up   b. did away with

3. I can't _______ an air conditioner in summer.
난 여름에는 에어컨 없이는 지낼 수가 없다.
  a. come to   b. do without

4. The rich man <u>filled out</u> his will. 그 부자는 유언장을 작성하였다.
  a. drew on   b. drew up

정답 1.b 2.b 3.b 4.b

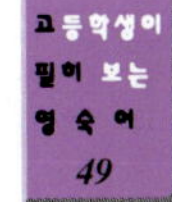

12 drop — (한 방울씩) 떨어지다

1. drop in / drop by — (~에게) 잠깐 들르다(call on)

- Jane ⌈ dropped in ⌉ on me after supper.
  ⌊ dropped by ⌋

  제인이 저녁식사후 나에게 잠깐 들렀다.

(기본 개념) ~의 안에 떨어지다 / ~ (바로) 옆에 떨어지다

(동의 숙어) **call on, come by, stop by, look up**

2. drop off — ① (차에서) 내려주다 ② 잠들다(doze off)

- I'll **drop** you **off** on my way home.
  집에 오는 길에 너를 내려줄게.

- "What does he do?" "He **drops off** to sleep."
  "그 사람 뭐해?" "잠들었다."

(기본 개념) ~에서 떨어뜨려내다

(탁쌤의 Tip) 우리말에도 '곯아떨어지다' 라는 표현이 있죠? drop off의 '잠들다' 와 비슷하네요.
drop off에는 '떨어져나가다 → 감소하다(decrease)' 의 의미도 있음.

3. drop out — 중도에 그만두다, (학교를) 중퇴하다

- Steve decided to **drop out** of the college.
  스티브는 대학교를 그만두기로 결정했다.

▶ **dropout** 명) 중퇴자

(기본 개념) 떨어져나가다

13 fall — 떨어지다

1. fall back on — ~에 의지하다(rely on)

- When I lost my job I was glad I had my savings to **fall back on**.
  일자리를 잃었을 때 의지할 수 있는 예금이 있어서 기뻤다.

(기본 개념) ~에 뒤로 가 붙다 : on 접촉

2. fall in with
① ~와 의견이 일치하다(agree with)
② ~와 어울리기 시작하다(associate with)

- I'm quite happy to **fall in with** your suggestion.
당신의 제안과 일치해서 너무 기쁩니다.

- His son **fell in with** a bad crowd.
그의 아들은 나쁜 친구들과 어울렸다.

(비교) **fall out with** ~와 다투다(quarrel with)

(기본 개념) (~의 의견 · 활동범위) 안에 떨어지다

3. fall on
① ~에 해당하다 ② (책임이) ~에게 있다

- Honey, your birthday will **fall on** a Friday this year.
올해 자기 생일은 금요일이다.

- The responsibility for children **falls on** the mother.
아이들에 대한 책임은 엄마에게 있다.

(기본 개념) (위에서) 떨어져 ~에 붙다 : on 접촉

CHECK-UP TEST

1. Let me _______ you __ at the airport. 내가 널 공항에 내려줄게.
   a. drop - off   b. drop - in

2. Chusok _______ Sunday this year. 올해엔 추석이 일요일이다.
   a. falls on   b. falls back on

3. I don't _______ the other members' opinion.
   나는 다른 회원들과 의견이 일치하지 않는다.
   a. fall in with   b. fall to

4. He _______ of the game because of an injury.
   그는 부상 때문에 경기를 중도에 그만뒀다.
   a. dropped by   b. dropped out

정답 1.a 2.a 3.a 4.b

4. fall short of　　　～에 못 미치다(be less than)

- The profit of the company **fell short of** expectations.
그 회사의 수익은 기대에 못 미쳤다.

(기본 개념) (목표까지) 못 미쳐 떨어지다

(more)　**run short of**　～이 부족해지다
　　　stop short of　～까지는 하지 않다

5. fall through　　　실패하다, 무산되다(fail)

- The deal **fell through** because we didn't have enough money.
우리에게 충분한 돈이 없어서 그 거래가 무산되었다.

(기본 개념) (결국) 완전히 떨어지다, 무너지다

14　fill　　　　　　　채우다

1. fill in[out]　　　(문서에) 기입[작성]하다(draw up)

- Please **fill in[out]** this application form.
신청서를 작성해주세요.

(기본 개념) (문서에 글자를) 채워 넣다

2. fill up　　　(연료 등을) 채우다, (사람들이) 들어차다

- Shall I **fill** the car **up**?　주유해 드릴까요?

(기본 개념) 완전히 채우다 : up 다, 완전히

15　get　　　① 얻다 ② 움직이다 : get은 숙어로 쓰일 때 주로
　　　　　　　　　'움직이다' 의 의미로 쓰임

1. get along with　～와 잘 지내다(be on good terms with)

- Do you **get along with** him?　그와 잘 지내니?

(기본 개념) ～와 함께 잘 다니다

2. get around — (머리를 써서) ～을 피하다(circumvent)

- He **got around** the problem in a novel way.
  그는 새로운 방법으로 그 문제를 피해갔다.

기본 개념 (장애물을) 돌아서 가다

3. get away with — 처벌받지 않고 넘어가다(not be punished)

- No one insults my family and **gets away with** it!
  내 가족을 모욕하고서는 누구도 그냥 넘어갈 수 없다.

기본 개념 (범죄를 저지르고) 도망치다

4. get off — ① 떠나다(leave) ② (차에서) 내리다

- **Get off** my place!   내 집에서 나가!

- When the train stopped, he **got off**.
  기차가 멈추자 그는 내렸다.

기본 개념 (붙어있다) 떨어져나가다

CHECK-UP TEST

1. Did you <u>draw up</u> all blanks? 빈칸에 전부 기입했나요?
   a. fill up   b. fill in

2. She <u>gets along with</u> her mother-in-law. 그녀는 시어머니와 잘 지낸다.
   a. is on good terms with   b. is not punished for

3. Get ready to <u>leave</u> a train. 열차에서 내릴 준비를 해라.
   a. get off   b. get on

4. His shot __________ the mark. 그의 사격은 표적에 못 미쳤다.
   a. fell through   b. fell short of

정답 1.b 2.a 3.a 4.b

5. get on

① (차 · 말 등에) 타다
② (일을) 계속 해나가다, (사람과) 잘 지내다

- She **got on** the bus every morning.
  그녀는 매일 아침 그 버스를 탔다.

- They have **got on** with the meeting.
  그들은 그 모임을 계속 해나갔다.

- They have **got on** with us. 그들은 우리와 잘 지냈다.

(기본 개념) ~에 가서 붙다 : on 접촉 / ~을 계속하다 : on 계속

6. get over

극복하다(recover)

- Sooner or later you'll **get over** the shock.
  조만간 그 충격에서 회복할거예요.

(기본 개념) ~을 넘어가다 : over ~을 넘어

7. get through with   ~을 끝내다(finish)

- When you **get through with** your work?
  일 언제 끝나니?

(기본 개념) ~을 완전히 거쳐 가다

8. get to

도착하다(arrive at, reach)

- What time does the train **get to** London?
  그 기차 몇 시에 런던에 도착해요?

(기본 개념) ~에 도착하다 : to 종착

---

16 give   주다

---

1. give away

(공짜로) 주다

- I **gave** most of my books **away** to my friends.
  난 대부분의 책들을 친구들에게 주었다.

(탁쌤의 Tip) give(주다)에 부사 away(떨어뜨려)가 붙은 형태

2. give in
① (패배를) 인정하다, 받아들이다(accept defeat)
② ~을 제출하다(hand in)

- It is best to **give in** to my mother. She's always right.
  엄마 말씀을 듣는 것이 최선이다. 엄마는 언제나 옳으시다.
- **Give** your exam papers **in** when you've finished.
  끝마치면 시험지를 제출하세요.

(기본 개념) 들여보내 주다 : ① 인정하다 뜻은 give oneself in에서 oneself가
빠진 형태!

3. give off
내뿜다, 방출하다(emit)

- The fire **gave off** the tremendous heat.
  그 불은 엄청난 열을 내뿜었다.

(기본 개념) 떨어뜨려 내다

4. give up
~을 그만두다, 포기하다(abandon)

- You should **give up** smoking. 담배 그만 피우셔야 돼요.

(기본 개념) 다 주다 : up 다, 완전히

CHECK-UP TEST

1. The player ___________ the jet lag. 그 선수는 시차를 극복했다.
   a. got away with   b. got over

2. How can I <u>reach</u> City Hall? 시청까지 어떻게 가야 하나요?
   a. get to   b. get through with

3. The sun <u>emits</u> ultraviolet rays. 태양은 자외선을 방출한다.
   a. gives away   b. gives off

4. I won't <u>abandon</u> my career. 나는 내 직업을 포기하진 않을 거야.
   a. give up   b. go off

정답 1.b 2.a 3.b 4.a

17 go　　가다

1. go for　　(~을 얻기 위해) 시도[노력]하다(try)

- Ellie's **going for** his first gold medal.
  엘리(Ellie)는 그의 첫 번째 금메달을 위해 노력하고 있다.

- **Go for** it!
  한 번 해봐!, 열심히 해! (상대방에게 용기를 북돋아줄 때 쓰는 말)

> **기본 개념** ~를 향해 가다
> **more** **go in for** ~에 참여하다(participate in)

2. go into　　① 시작하다(start) ② 조사하다(inspect)

- She's thinking of **going into** business.
  그녀는 사업을 시작할까 생각 중이다.

- We're going to **go into** the accident
  우리는 그 사고를 조사하려고 한다.

> **기본 개념** (일) 안으로 들어가다

3. go off　　① (사람이) 떠나다(leave) ② (폭탄이) 터지다(explode)
　　③ (음식이) 상하다(go sour)

- John **went off** on his own.　존은 혼자서 떠났다.

- The bomb **went off**.　폭탄이 터졌다.

- This milk **went off**.　이 우유 상했다.

> **기본 개념** (붙어있다) 떨어져나가다

> **탁쌤의 Tip** 파편이 떨어져나가다 → (폭탄이) 터지다
> 신선함이 떨어져나가다 → (음식이) 상하다

4. go on　　계속하다(continue)

- After a short break we **went on** working.
  잠깐의 휴식 후 우리는 계속 일을 계속했다.

> **기본 개념** 계속 가다 : on 접촉 → 계속
> **동의 숙어** **run on, keep on, carry on**

5. go out with ~와 사귀다

- **Why don't you go out with her?**
  그녀와 사귀어 보지 그래?

  기본 개념 ~와 함께 나가다 : 사귀게 되면 함께 데이트하러 나가잖아요.

  탁쌤의 Tip 데이트 신청하는 건 ask out
  - **ask her out** 그녀에게 데이트를 청하다

6. go over ① (주의 깊게) 검토[점검]하다(examine)
② 반복[복습]하다(repeat)

- **We have to go over the project.**
  우리는 그 프로젝트를 검토해봐야 한다.

- **The teacher went over the point of the subject.**
  선생님께서 그 주제의 요점을 반복하셨다.

  기본 개념 (문서 위를 눈이) 왔다 갔다 다니다 : over 반복해서

CHECK-UP TEST

1. He will _________ bankruptcy soon. 그는 곧 파산할 것이다.
   a. go into   b. go for

2. A mechanic is <u>examining</u> the car's engine. 자동차 정비사가 차 엔진을 점
   검하고 있다.
   a. going over   b. going on

3. I would like to _________ her. 나는 그녀와 사귀고 싶어.
   a. go out with   b. go through with

4. The bomb suddenly <u>went off</u> with a bang. 갑자기 폭탄이 쾅하며 터졌다.
   a. exploded   b. was founded

정답 1.a 2.a 3.a 4.a

7. go through

① ~을 겪다, 경험하다(undergo)
② (법안이) 통과되다(be passed)

- We have **gone through** the crisis.
  우리는 위기를 겪었다.

- The bill **went through** unanimously.
  그 법안은 만장일치로 통과되었다.

[기본 개념] (어떤 일을) 거쳐 가다

8. go through with

~을 완수하다(complete)

- I have no choice but to **go through with** my promise.
  난 내 약속을 지키는 수밖에 없다.

[기본 개념] ~을 완전히 거쳐 가다

---

17 hand

건네주다

1. hand down

(후세에) 물려주다(pass on)

- The clothes were **handed down** to younger brothers.
  그 옷들은 동생들에게 물려졌다.

[기본 개념] 아래로 내려주다

2. hand in

제출하다(submit)

- Tom has **handed in** his resignation.
  톰은 사직서를 제출했다.

[기본 개념] (문서를) 안에 넣어주다

[동의 숙어] **give in, turn in**

3. hand out

나누어주다(distribute)

- They **handed out** leaflets to the passers-by.
  그들은 지나가는 행인들에게 전단지를 나누어 주었다.

[기본 개념] 밖으로 내주다

4. hand over   건네[넘겨]주다(turn over)

- In 1997 the sovereignty of Hong Kong was **handed over** to China.

  1997년 홍콩의 통치권이 중국에 넘겨졌다.

  (기본 개념) 넘겨주다 : over 넘겨

---

18   hang   ① 매달다 ② 머무르다 : hang은 숙어에서 주로 '머무르다' 의미로 쓰임

1. hang around   (주변을) 배회하다, 어슬렁거리다(remain)

- I **hung around** the station for an hour.

  난 그 역 주변을 한 시간 동안 배회했다.

  (기본 개념) ~의 주변에 머무르다

CHECK-UP TEST

1. They <u>go through</u> many physical changes.

   그들은 많은 신체적 변화를 겪는다.

   a. undergo   b. complete

2. All the examination papers should be <u>submitted</u>.

   시험지는 전부 제출되어야한다.

   a. handed in   b. handed out

3. They promised to __________ all their hostages.

   그들은 인질들을 모두 넘겨주겠다고 약속했다.

   a. hand over   b. hand down

4. Don't <u>hang around</u> here anymore. 여기에 더 이상 머무르지 마라.

   a. remain   b. hesitate

정답 1.a 2.a 3.a 4.a

2. hang back

주저하다, 망설이다(hesitate)

- **The bridge looked so unsafe that we all hung back.**
  그 다리는 너무 불안전해 보여서 우리는 모두 (건너기를) 주저했다.

기본개념 (앞으로 나가지 못하고) 뒤에 머무르다

3. hang on

① **꽉 잡다**(hold on)
② **~에 의존하다**(depend on)

- **I hung on the rope.** 나는 줄을 꽉 잡았다.

- **The future of the company hangs on the contract.**
  그 회사의 미래는 그 계약에 달려있다.

기본 개념 ~에 붙어있다 : 접촉의 on!

4. hang out

(많은) 시간을 보내다(spend time)

- **I used to hang out with them.**
  난 그들과 함께 많은 시간을 보내곤 했다.

기본 개념 밖에 나가서 머무르다

5. hang over

~에게 임박해 있다

- **The threat of nuclear war hangs over mankind.**
  핵전쟁의 위협이 인류에게 임박해 있다.

기본 개념 ~위에 머무르다 : over ~위에

6. hang up

전화를 끊다(↔ hold on 끊지 않고 기다리다)

- **I was so angry that I hung up.**
  난 너무 화가 나서 전화를 끊어버렸다.

기본 개념 (수화기를 전화기) 위에 걸어 놓다

19 head

~로 향하(게 하)다

1. head for

~로 향하다(make for)

- **We had decided to head for Miami.**
  우리는 마이애미로 가기로 결정했다.

기본 개념 머리를~쪽으로 두다 : 방향의 for

2. head off   막다, 차단하다(prevent)

- **The President intervened to head off the conflict.**
대통령이 그 분쟁을 막기 위해 개입했다.

기본 개념 ~을 떠나가게 하다 → 막다, 차단하다 : off는 '떨어져'의 뜻으로 부사

---

20   hold   잡고 있다

> 이 표현 하나 알고 갈까요?
> hold a party 파티 열다 / hold a meeting 모임을 개최하다
> 즉, 파티나 모임을 열다할 때 바로 hold 동사를 쓴답니다

1. hold back   ~을 막다, 억제하다(suppress)

- **Christine tried to hold back the tears.**
크리스틴은 눈물을 참으려 했다.

기본 개념 (앞으로 못나가게) 뒤로 붙잡고 있다

CHECK-UP TEST

1. __________! Here we go! 꽉 잡아. 간다!
   a. Hang on   b. Hang back

2. Teenagers <u>spend time</u> with their friends.
   십대들은 친구들과 어울려 시간을 보낸다.
   a. hang out   b. hang over

3. She suddenly __________ the phone. 그녀는 갑자기 전화를 끊었다.
   a. held on   b. hung up

4. Where are you __________ ? 지금 어디로 가고 계세요?
   a. heading for   b. heading off

정답 1.a 2.a 3.b 4.a

2. hold on (전화상에서) 기다리다(wait)

- **Hold on** a moment, please.   잠시만 기다리세요.

기본 개념 (수화기를) 계속 붙잡고 있다 : 계속의 on!

탁쌤의 Tip 전화 관련 표현들
hang up 전화를 끊다
hold on = hold the line 끊지 않고 기다리다
The line is busy[engaged]. 통화중이다.

3. hold out ① 주다, 제공하다(offer)
② 버티다, 저항하다(resist)

- **hold out** hope of a peaceful settlement
  평화 정착의 희망을 주다

- The rebels have **held out** for three weeks.
  반란자들이 3주를 버텨왔다.

기본 개념 밖으로 내주다; 끝까지 붙잡고 있다 : out ① 밖으로 ② 끝까지

4. hold up ① 떠받치다, 지탱하다(prop up)
② 지연[정체]시키다(delay) ③ ~을 훔치다, 강탈하다(rob)

- The roof is **help up** by massive stone pillars.
  그 지붕은 커다란 돌기둥들로 지탱된다.

- On my way home I was **help up** by heavy traffic.
  집에 오는 길에 차가 막혀 늦어졌다.

- The three armed men **help up** the bank last night.
  어젯밤 세 명의 무장한 남자들이 그 은행을 털었다.

기본 개념 위로 붙잡고 있다; (손을) 위로 들고 있다
탁쌤의 Tip hold up에서 '훔치다, 강탈하다' 의 의미는 원래 Hold (your hands)
up!! 손들고 있어!!(강도가 하는 말)라는 표현에서 hold up만 남게
된 것!

---

21 keep 유지[지속]하다

1. keep ~ from -ing ~을 막다(prevent)

- I could hardly **keep** myself **from** fall**ing** asleep.
  난 좀처럼 잠을 막을 수가 없었다.

기본 개념 ~을 ~에서 떨어뜨리다 : from ~로부터 (떨어뜨려) → 방해 · 금지

2. keep off ~을 멀리하다, 막다(avoid)

- **Keep off** fatty foods.   지방이 많은 음식을 멀리하세요.

기본 개념 ~을 떨어뜨려 두다

3. keep on -ing 계속하다(continue)

- She **kept on** cry**ing**.   그녀는 계속 울었다.

탁쌤의 Tip 계속 해나가다 : 계속의 on!

4. keep up with ~와 보조를 맞추다, 뒤처지지 않다(keep abreast of)

- I had to walk fast to **keep up with** him.
  난 그를 따라잡기 위해 빨리 걸어야 했다.

기본 개념 ~에 가까운 상태를 유지하다 : up 가까이

비교 **catch up with** ~을 따라잡다

---

22 kick 차다

1. kick around 검토[타진]하다(discuss)

- We **kicked** the suggestion **around**.
  우리는 그 제안을 검토해봤다.

기본 개념 (튼튼한지를 알아보기 위해) ~의 두루두루 두드려보다 → 검토[타진]하다

탁쌤의 Tip 우리도 수박 살 때 잘 익었나 알아보기(검토) 위해 두드려 보잖아요.

CHECK-UP TEST

1. Our army <u>held out</u> to the last. 아군은 끝까지 저항했다.
   a. resisted   b. robbed

2. <u>Wait</u> a second. I'll put him on soon. 잠시만 기다려주세요. 곧 바꿔 드릴께요.
   a. Hold on   b. Hold back

3. _______ your hands! Freeze! 손들어! 꼼짝마!
   a. Hold up   b. Hang up

4. It is difficult to _________ a trend in these days. 요즘엔 유행을 따라가기가 어렵다.
   a. keep up with   b. keep off

정답 1.a 2.a 3.a 4.a

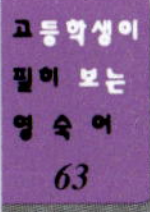

2. kick off — (파티 · 공연 등을) 시작하다(start)

- **What time do the fireworks kick off?**
  불꽃놀이 몇 시에 시작하지?

  탁쌤의 Tip 축구에서 공을 차는 순간 경기가 시작되는 것에서 유래. 친구끼리 쓸 수 있는 구어체 표현

3. kick out — 내쫓다(throw out)

- **If you don't stop making that noise I'll kick you out!**
  조용히 안하면 내쫓을 거야!

  기본 개념 (발로) 차서 내보내다

---

23 knock — 치다, 두드리다

1. knock down — ① 넘어[쓰러]뜨리다 ② (차로 사람을) 치다 ③ (가격을) 낮추다(reduce)

- **Somebody hit him from behind and knocked him down.**
  누군가 뒤에서 때려서 그를 쓰러뜨렸다.

- **A child was knocked down by a car.**
  한 어린 아이가 차에 치었다.

- **We had to knock the price down.**   우리는 가격을 낮춰야했다.

  기본 개념 쳐서 넘어뜨리다

2. knock out — ① (때려서) 기절시키다(stun) ② 패배시키다(defeat)

- **He hit her so hard that he knocked her out.**
  너무 세게 때려서 그가 그녀를 기절시켰다.

- **The boxer was knocked out in the first round.**
  그 권투 선수는 1라운드에서 졌다.

  기본 개념 쳐서 완전히 쓰러뜨리다 : out 완전히

  탁쌤의 Tip 권투에서 K.O라고 있죠? 이 K.O가 바로 Knock Out의 약자예요.

24 lay (조심해서) 놓다

1. lay down — (공식적으로) 말하다, 규정하다(state)

- The contract **laid down** that the work must be completed before 2015.
  그 계약서에 그 일이 2015년 이전에 완성되어야 한다고 규정되어 있다.

  기본 개념 (말을 조심스럽게) 내려놓다 → (공식적으로) 말하다

2. lay off — 해고하다(fire, dismiss)

- The company **laid off** 2,000 workers this year.
  그 회사는 올해 2천명의 직원들을 해고했다.

- ▶ **layoff** 명) 해고

  기본 개념 (사람을) 떨어뜨려 놓다

CHECK-UP TEST

1. The league match <u>starts</u> tomorrow. 리그전이 내일 시작한다.
   a. kicks off   b. kicks around

2. The negligent public officials were <u>laid off</u>.
   태만한 공무원들이 해고되었다.
   a. dismissed   b. defeated

3. A stray cat was <u>thrown out</u> of the window.
   도둑고양이는 창밖으로 쫓겨났다.
   a. knocked out   b. kicked out

4. Heavy rains and strong storms __________ trees.
   폭우와 강풍이 나무를 쓰러뜨렸다.
   a. knocked down   b. laid down

정답 1.a 2.a 3.b 4.a

3. lay out
① 펼쳐 놓다(spread out) ② (건물 등을) 설계하다

- She **laid** the food **out** on the table.
  그녀는 식탁에 음식을 펼쳐 놓았다.
- This house is spaciously **laid out**.
  이 집은 널찍하게 설계되었다.

> 기본 개념 펼쳐 놓다; (도면을 펼쳐 놓고) 설계하다

---

25 leave
① 떠나다 ② 남기다

---

1. leave behind
~을 두고 오다, 뒤에 남겨두다

- I think I might have **left** my wallet **behind**.
  아무래도 지갑을 두고 온 것 같아.

> 기본 개념 뒤에 남기다 : behind(뒤에)는 부사

2. leave out
~을 빼다, 제외시키다(exclude)

- Don't **leave** me **out** when you're giving out the invitations!
  초대장 나눠줄 때 나 빼지마!

> 동의 숙어 miss out, count out, rule out

---

26 let
~하게 하다

---

1. let down
실망시키다(disappoint)

- She has been badly **let down** by her husband.
  그녀는 남편에게 몹시 실망해왔다.

> 기본 개념 (마음을) 처지게 하다

2. let go of
(잡고 있던 것을) 놓다

- He **let go of** the leash, and the dog ran forward.
  그가 줄을 놓자 그 개는 앞으로 달려 나갔다.

> 기본 개념 ~을 가게 하다

3. let up — (비·눈 따위가) 멎다, 그치다(stop)

- When will this rain **let up**? 이 비가 언제 그칠까?
- ▶ **letup** 명) 중단, 중지(halt, pause)

기본 개념 (비·눈이) 다하다 : up 다, 완전히
탁쌤의 Tip let itself up에서 itself가 빠진 형태

---

27 live 살다

1. live on — ~로 살아가다(subsist on)

- They manage to **live on** 300 thousand wons a month.
  그들은 한 달에 30만원으로 근근이 살아간다.

기본 개념 ~에 붙어 살아가다 : 접촉의 on!

more **live off** (~을 축내며) 살아가다 (부정적인 어감)

- He has **lived off** his parents' property.
  그는 부모님의 재산을 축내며 살아왔다.

CHECK-UP TEST

1. The editor <u>left out</u> a controversial passage.
   편집자는 논란의 여지가 있는 구절을 빼버렸다.
   a. disappointed   b. excluded

2. The rain is not likely to <u>stop</u>. 비가 그칠 것 같지가 않다.
   a. let up   b. let on

3. I don't want to <u>disappoint</u> my parent.
   나는 부모님을 실망시켜드리고 싶지않다.
   a. let down   b. let go of

4. He _______ the plans on the desk. 그는 설계도를 책상 위에 펼쳐놓았다.
   a. laid off   b. laid out

5. He _______ his small salary. 그는 자신의 작은 봉급으로 살아간다.
   a. lives on   b. lives by

정답 1.b 2.a 3.a 4.b 5.a

2. live up to   ~에 걸맞다, 부응하다(come up to)

- The new film didn't **live up to** our expectation.
그 신작 영화는 우리의 기대에 부응하지 못했다.

(기본 개념) ~에 가깝게 살다 : up to ~에 가까이

---

28   look   쳐다 보다

1. look after   ~를 돌보다(take care of)

- Don't worry, I'll **look after** the kids tomorrow.
걱정 마. 내가 내일 애들 볼게.

(기본 개념) ~의 뒤를 봐주다

2. look back on   ~을 회상하다, 되돌아보다(remember)

- When I **look back on** those days I was desperately unhappy. 그 날들을 회상해보면 몹시도 힘들었어.

(기본 개념) 되돌아 보다

3. look down on   ~를 깔보다, 멸시하다(despise)

- He tends to **look down on** me.
그는 나를 무시하는 경향이 있다.

(기본 개념) ~을 내려다보다

(more) **look up to**   ~을 우러러보다, 존경하다(respect)

4. look for   ~을 찾다(seek for)

- I'm **looking for** my car keys.   나는 내 차 열쇠를 찾고 있다.

(동의 숙어) **look out for** (주의 깊게) 찾아보다

   - He's **looking out for** a nice apartment downtown. 그는 시내에 있는 멋진 아파트를 찾고 있다.

5. look forward to ~ing ~을 기대하다(expect)

- I **look forward to** meet**ing** you next week.

다음 주에 당신을 만나기를 기대하고 있어요.

[기본 개념] ~을 앞으로 내다보다 : to는 전치사! 뒤엔 명사 or 동명사

6. look into ~을 조사하다(investigate)

- Police are **looking into** the disappearance of two children. 경찰들이 두 어린이의 실종을 조사하고 있다.

[기본 개념] (안을) 들여다 보다

7. look on ~을 보고만 있다(stand by)

- The building blew up, while we **looked on** in shock.

그 건물이 폭파되었고 우리는 충격 속에서 보고만 있었다.

▶ **onlooker** 명) 구경꾼, 방관자(bystander)

[기본 개념] (~에 붙어) 계속 보고만 있다 : 계속의 on

CHECK-UP TEST

1. You should not <u>despise</u> him because he is poor.
   가난하다고 그를 무시해서는 안 된다.
   a. look down on   b. look on

2. These old pictures make me <u>look back on</u> the past.
   이 옛날 사진들은 내가 과거를 회상하게 해준다.
   a. go over   b. remember

3. I'm seeking for a baby-sitter to <u>take care of</u> my baby.
   내 아기를 돌봐줄 베이비시터를 찾고 있다.
   a. look for   b. look after

4. They ________ a place of crime. 그들은 범죄가 일어난 장소를 조사했다.
   a. looked into   b. looked on

5. I ________ to seeing his new work. 나는 그의 새 작품을 보기를 고대한다.
   a. look up   b. look forward

정답 1.a 2.b 3.b 4.a 5.b

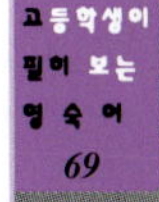

8. look on A as B A를 B로 보다(regard A as B)
think of A as B A를 B로 생각하다

- I **look on** him **as** a good friend.
  나는 그를 좋은 친구로 본다.

- I **think of** him **as** a good friend.
  나는 그를 좋은 친구로 생각한다.

9. look over (자세히) 검토하다(go over)

- We **looked over** the contract.
  우리는 그 계약서를 자세히 검토했다.

  기본 개념 (문서 위의 글자를 눈이 왔다갔다) 쳐다보다 : over (왔다갔다) 반복하여

10. look to ~에 의지하다(turn to)

- We **look to** you for support. 저희는 당신의 도움에 의지합니다.

  기본 개념 (결국) ~을 쳐다보다 → 의지하다

11. look up ① (사전 등을) 찾아보다 ② (사람을) 방문하다(visit)

- **Look** the word **up** in the dictionary.
  그 단어를 사전에서 찾아봐.

- **Look** me **up** when you come to Seoul.
  서울 오면 나 찾아와.

  기본 개념 ~를 가까이 (붙여) 보다 : up 가까이

---

29 make 만들다

---

1. make for ~을 향해 가다(head for)

- I think it's time we **made for** home.
  집에 가야할 시간인 것 같아.

  탁쌤의 Tip 「make oneself for +장소」에서 oneself가 빠진 형태!

2. make A into B A를 B로 만들다(turn A into B)

- We can **make** your room **into** a study.
  저희가 귀하의 방을 서재로 만들 수 있습니다.

3. make it up with   화해하다, 다시 친해지다(be reconciled)

- It's time you should **make it up with** your sister.
  네 여동생과 화해해야할 때다.

  기본 개념 (싸워서 멀어진 상태에서) 가까워지게 하다 : up 가까이

4. make A of B   B에서 A를 만들어내다

- He has talent to **make** something **of** himself.
  그는 스스로 무언가를 만들어 낼 재능을 지니고 있다.

5. make out   ① 작성하다(draw up) ② 이해하다(figure out)

- Did you **make out** a receipt?   영수증 작성하셨어요?

- I couldn't **make out** what I had done to annoy her.
  난 내가 그녀를 짜증나게 한 것이 무엇인지 이해할 수 없었다.

  기본 개념 (문서를) 만들어내다; (의미를) 만들어내다

  동의 숙어 '이해하다' : **figure out, catch on, get the picture, make head or tail of**

CHECK-UP TEST

1. They <u>made out</u> the contract carefully. 그들은 신중하게 계약서를 작성했다.
   a. drew up   b. passed out

2. We make bread _____ organic flour. 우리는 유기농 밀가루로 빵을 만든다.
   a. out of   b. into

3. Some enterprises <u>look to</u> the financial policy of government.
   몇몇 기업은 기업의 금융정책에 의존한다.
   a. turn to   b. turn out

4. Children tend to <u>look on</u> middle-aged persons as extremely old.
   어린 아이들은 중년사람들을 아주 늙은이로 보는 경향이 있다.
   a. regard   b. look over

정답 1.a 2.b 3.a 4.a

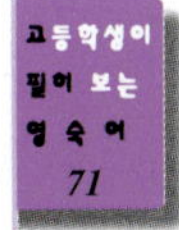

6. make up

① 만들어 내다(invent)
②《수동태로》~로 구성되다(consist of) ③ 화장하다

- She **made up** a false story.   그녀는 거짓 이야기를 만들어 냈다.

- All substances are **made up** of molecules.
  모든 물질은 분자로 구성된다.

- She never goes out without **making** herself **up**.
  그녀는 화장을 하지 않고는 절대 밖에 안 나간다.

> [기본 개념] (완전하게) 만들어내다 : up 다, 완전히

7. make up for

보상[보충]하다(compensate)

- Nothing can **make up for** missing such a wonderful opportunity.
  어떤 것도 그렇게 훌륭한 기회를 놓치는 것을 보상할 수 없다.

> [기본 개념] (손실에) 대해서 완전하게 만들어주다
> [동의 숙어] **make amends for, atone for**

---

30 pass

지나가다; 건네주다

1. pass away

돌아가시다(die)

- My husband **passed away** last year.
  제 남편이 지난해 저세상으로 갔어요.

> [기본 개념] (삶에서) 끝나다 : die(죽다)보다 좀 더 부드러운 표현

2. pass by

지나가다(go past)

- They all waved as they **passed by**.
  그들은 지나가면서 모두 손을 흔들었다.

> [기본 개념] ~의 옆을 지나가다 : by ~(바로) 옆에

3. pass out

기절하다(faint, black out)

- When I heard about the news, I almost **passed out**.
  그 소식을 들었을 때 난 거의 기절할 뻔했다.

> [기본 개념] (의식이) 나가다

4. pass over — 넘겨주다, 넘어가다

- I want to **pass over** this subject. 난 이 주제는 넘어가고 싶다.

(기본 개념) 넘겨서 건네주다 : over 넘겨

5. pass up — (기회를) 놓치다(miss)

- She **passed up** the opportunity to go to university.
  그녀는 대학 갈 기회를 놓쳤다.

(기본 개념) 완전히 지나가게 하다 : up 다, 완전히

---

31 pick — 집다

1. pick on — (한 사람을 콕 집어) 괴롭히다(annoy)

- Why do you **pick on** your little brother?
  왜 너 동생을 괴롭히니?

(기본 개념) (여러 사람 중 한 사람을) 콕 집어내다

CHECK-UP TEST

1. Does the number 144 bus <u>go past</u> the court?
   144번 버스가 법원을 지나가나요?
   a. pass away   b. pass by

2. His industry <u>compensated</u> his weak points.
   근면함이 그의 약점들을 보충해주었다.
   a. made up for   b. made up with

3. She _______ a remarkable invention at last.
   그녀는 마침내 획기적인 발명품을 만들어냈다.
   a. made up   b. made for

4. Could you just _______ my mistake?
   제 실수를 그냥 넘어가주시면 안될까요?
   a. pass for   b. pass over

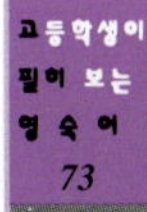

정답 1.b 2.a 3.a 4.b

2. pick out

~을 골라내다(choose)

- She **picked out** a blue dress.
그녀는 파란색 드레스를 선택했다.

3. pick up

① 얻다(gain) ② (차에 사람을) 태우다

- He's **picked up** three major prizes this year.
그는 올해 세 개의 상을 탔다.

- I'll **pick** you **up** at the station.
내가 그 역에서 널 태워줄게.

[기본 개념] 집어 올리다

---

32 pull   당기다

1. pull down

~을 파괴하다, 허물다(demolish)

- Why did they **pull** all those houses **down**?
왜 그들이 그 모든 집들을 허물었을까?

[기본 개념] (세워진 건물을) 끌어내리다

2. pull off

(어렵게) 성공하다(carry off)

- If you **pull off** this deal you'll be promoted.
만약에 당신이 이 거래를 따낸다면 승진하게 될 것이다.

[기본 개념] (원하던 결과를) 따내다 : 우리말에도 금메달을 따내다 하죠?

3. pull through

(병에서) 회복[극복]하다(recover)

- I think he can't **pull through**.   그가 회복하지 못할 것 같아.

[탁쌤의 Tip] 「pull oneself through the disease」에서 pull through만 남은 형태!

4. pull together

협력[협동]하다(collaborate)

- We all **pulled together** during the war.
전쟁을 치르는 동안 우리 모두는 협력했다.

[기본 개념] 함께 끌다

5. pull up   (차를) 대다, 세우다

- He **pulled up** in front of the gates.
  그는 문 앞에다 차를 세웠다.

(기본 개념) 위로 당기다 : 옛날에 마차를 세울 때 말의 고삐(rein)를 위로 당겨 세 웠던 것에서 유래!

(more) **pull over** (도로가에) 차를 세우다

- A traffic cop told me to **pull over**.
  교통 경찰관이 나에게 길가에 차를 세우라고 말했다.

CHECK-UP TEST

1. Can you <u>choose</u> the hat becoming on me?
   내게 어울리는 모자를 좀 골라줄래?
   a. pick on   b. pick out

2. We need to <u>collaborate</u> for the synergy effect.
   우리는 시너지 효과를 위해서 협력해야 한다.
   a. pull together   b. pull through

3. A house was <u>demolished</u> for reconstruction.
   재건축을 위해 집을 허물었다.
   a. pulled down   b. pulled off

4. My father is supposed to ________ me ____.
   우리 아빠가 날 데리러 오기로 되어있어.
   a. pull - up   b. pick - up

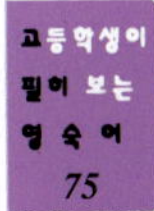

정답 1.b 2.a 3.a 4.b

33　put　　　　　　놓다

---

1. put down
① 비난하다(criticize) ② 진압하다(suppress)
③ 적다(write)

- **He's good at putting down people he doesn't like.**
  그는 자신이 좋아하지 않는 사람들을 비난하는데 능하다.

- **The riot was put down with force.**
  그 폭동은 무력으로 진압되었다.

- **Put down your name and address.**
  당신의 이름과 주소를 적으세요.

  (기본 개념) 내려놓다

  (동의 숙어) '비난하다' : **run down, find fault with**
  　　　　　　'적다' : **take down, get down**

---

2. put off
연기하다(postpone, put back)

- **The match has been put off until tomorrow because of bad weather.**
  그 경기는 나쁜 날씨로 인해 내일로 연기 되었다.

  (기본 개념) (날짜를) 떨어뜨려 놓다

---

3. put on
① (옷 · 모자 등을) 입다, 착용하다(wear)
② (몸무게가) 늘다(↔ lose)

- **Put your coat on. It's cold.**　코트 입어. 춥다.

- **I've put on weight.**　나 살쪘어.
  ↔ **I've lost weight.**　나 살 빠졌어.

  (기본 개념) (몸에) 붙여 놓다

  (more) **put on airs** 잘난 체하다
  - **Don't put on airs!**　잘난 체하지 마!

---

4. put out
(불을) 끄다(extinguish)

- **It took us six hours to put the fire out.**
  우리가 불을 끄는데 6시간이 걸렸다.

  (기본 개념) (불을) 내놓다

5. put up with　~을 참다(endure)

- She had to **put up with** his violent temper.

  그녀는 그의 난폭한 성격을 참아야했다.

> **기본 개념** ~에 (가까이) 붙여놓다 :「put oneself up with 명」에서 oneself가 빠진 형태!

34　run　달리다

---

1. run across　우연히 만나다(come across)

- I **ran across** a friend on the street.

  난 거리에서 한 친구를 우연히 만났다.

> **기본 개념** (서로) 오가다 만나다

CHECK-UP TEST

1. How can I <u>put up with</u> rude customers?

   어떻게 무례한 고객들을 참을 수 있을까?

   a. endure　　　　　　　b. extinguish

2. Never <u>postpone</u> until tomorrow what you can do today.

   오늘 할 일을 내일로 미루지 마라.

   a. put off　　　　　　　b. put out

3. She has ______ a lot of weight after giving birth.

   그녀는 출산 후 몸무게가 많이 늘었다.

   a. put on　　　　　　　b. put out

4. The riot police _______ a demonstration. 전경이 시위를 진압하였다.

   a. put down　　　　　　b. put back

정답 1.a 2.a 3.a 4.a

2. run down ① 쇠퇴하다(decline) ② 헐뜯다, 비난하다(criticize)

- The coal industry is **running down**.
  석탄 산업이 쇠퇴하고 있다.

- She always **runs down** her families.
  그녀는 늘 가족들을 비난한다.

▶ **run-down** 형) 황폐한(dilapidated)

기본 개념 (빠르게) 내려가다; 내려가게 하다

3. run into ① ~를 부딪치다(bump into) ② 우연히 만나다(run across)

- The business **ran into** financial difficulties.
  그 회사는 재정적인 어려움에 부딪쳤다.

- I **ran into** a friend in town today!
  나 오늘 시내에서 친구 만났다!

기본 개념 ~안으로 달려 들어가다 : run into +사물 → 부딪치다
run into +사람 → (우연히) 만나다

4. run out of ~이 다 떨어지다(use up)

- They **ran out of** money and had to cancel the plan.
  그들은 돈이 다 떨어져서 그 계획을 취소해야했다.

5. run short of ~이 부족해지다(become lacking in)

- We're **running short of** fuel.   연료가 떨어져가고 있다.

6. run over (차가 사람을) 치다(knock over)

- He was **run over** and killed by the bus.
  그는 버스에 치여 죽었다.

기본 개념 (차가 사람을) 넘어 달리다 : over 넘어서

35   see   보다

1. see off   ~를 배웅하다

- **I've gone to the airport to see my friend off.**
  난 친구를 배웅하기 위해 공항으로 갔다.

(기본 개념) 떠나가는 것을 보다

2. see through   ~을 간파하다(perceive)

- **I saw through his lie.** 나는 그의 거짓말을 간파했다.

(기본 개념) 꿰뚫어보다

3. see to   ~을 처리[유의]하다(take care of)

- **It's our job to see to repairs and maintenance work.**
  유지 보수 작업을 담당하는 것이 우리의 일이다.

(기본 개념) ~에 시선을 떼지 않다 : to 종착

(탁쌤의 Tip) 「see to it that절」의 형태로도 쓰임. 뜻은 '꼭 ~하다'

CHECK-UP TEST

1. I <u>ran across</u> my ex-boy friend in an elevator.
   나는 엘리베이터에서 우연히 옛 남자친구를 마주쳤다.
   a. ran into   b. ran down

2. I <u>used up</u> my physical strength with hard exercise.
   격한 운동으로 체력이 바닥났다.
   a. ran out of   b. saw through

3. We went to the airport to ___ him ___.
   그를 배웅하기 위해 공항에 갔다.
   a. see - to   b. see - off

4. The dog was nearly _________ by a car.
   그 개는 하마터면 차에 치일 뻔 했다.
   a. ran over   b. ran across

정답 1.a 2.a 3.b 4.a

36 set   놓다

1. set about   시작하다(set out)

- Philip **sets about** the task with enthusiasm.
  필립은 의욕적으로 그 일을 시작했다.

기본 개념 (자신을) ~의 주변에 놓다 :
「**set** oneself **about** 명」에서 oneself가 빠진 형태! about 주변

동의 숙어 **set out, kick off, enter into, embark upon**

2. set aside   ① 남겨두다(put aside) ② 무효화하다(overturn)

- Try to **set aside** a few hours a week for exercise.
  운동을 위해 일주일에 몇 시간씩을 내보세요.

- The judge **sets aside** the decision of the lower court.
  그 판사는 하급 법원의 판결을 무효화했다.

기본 개념 옆에 (치워) 놓다

3. set back   ① 지연시키다(delay) ② 비용이 들게 하다(cost)

- Your mistake has **set** our work **back** several weeks.
  당신의 실수로 우리의 일이 몇 주 지연되었다.

- The jacket **set** me **back** $100.
  그 자켓 사는데 100달러 들었어.

▶ **setback** 지연, 방해(물)(obstacle)

기본 개념 뒤로 놓다

동의 숙어 '지연시키다' : **put off, hold up**

4. set off   ① 출발하다(leave) ② 폭발시키다(explode)

- What time do you have to **set off**?
  너 몇 시에 출발해야 되니?

- The soldiers **set** the bomb **off**.   군인들이 그 폭탄을 폭발시켰다.

기본 개념 (자신을) 떨어뜨려 놓다 :「set oneself off」에서 oneself가 빠진 형태!

동의 숙어 '폭발하다' : **blow up, go off**

5. set out[forth]   ① 설명하다(explain) ② 시작하다(set out)

- He **sets out[forth]** his point of view.
  그는 자신의 견해를 설명했다.

- They **set out[forth]** on a journey.
  그들은 여행을 시작했다.

(기본 개념) 밖으로[앞으로] 내놓다

6. set up   ① 세우다, 설립하다(establish)
       ② (약속을) 정하다(arrange)

- The government **set up** a crime prevention committee.
  정부에서 범죄 예방 위원회를 설립했다.

- I'll **set up** an appointment for you.
  당신을 위해 약속 잡아드릴게요.

(기본 개념) 위로 놓다 → 세우다

CHECK-UP TEST

1. The Chinese are fond of <u>setting off</u> fireworks.
   중국인들은 불꽃을 쏘아 올리는 것을 좋아한다.
   a. exploding   b. applauding

2. Cut one apple to two pieces and <u>set aside</u> the one.
   사과를 두 조각으로 잘라서 하나는 남겨둬라.
   a. put aside   b. set about

3. The high school was <u>established</u> by a missionary.
   그 고등학교는 선교사에 의해 설립되었다.
   a. set out   b. set up

4. You had better _______ right now. 너는 지금 당장 출발하는 것이 좋다.
   a. bring out   b. set out

정답 1.a 2.a 3.b 4.b

37 settle — (편안히) 놓다

1. settle down — ① 진정시키다[되다](calm down) ② 시작하다(begin)

- It took her some time to **settle down**.
  그녀가 진정되는데 얼마의 시간이 걸렸다.
- We **settled down** to wait.   우리는 기다리기 시작했다.

> [기본 개념] (마음을 편히) 내려놓다

2. settle for — (불만스럽지만) 받아들이다(accept)

- They won't **settle for** the price.
  그들은 그 가격을 받아들이지 않을 것이다.

> [기본 개념] (자신을) ~에 조심스럽게 놓다 :「settle oneself for 명」에서 oneself가 빠진 형태!

38 show — 보이다

1. show off — 자랑하다(brag, boast)

- He is always trying to **show off** in front of the girls.
  그는 늘 여자들 앞에서 자랑하려고 한다.

> [기본 개념] (잘난 면을) 떨어뜨려 보여주다 :「show oneself off」에서 oneself 가 빠진 형태!

2. show up — 도착하다(arrive), 나타나다(appear)

- Over a hundred people **showed up** at the meeting.
  백 명이 넘는 사람들이 그 모임에 왔다.

> [기본 개념] (갑자기) 위로 올라와 보이다

39 stand — 서다

1. stand by — ① (가만히) 옆에만 있다(sit by) ② 지키다(stick to) ③ 대기하다(wait)

- Why did people just **stand by** while she was attacked?
  왜 사람들이 그녀가 폭행 당할 동안 가만히 있었을까?

- He **stood by** his convictions.   그는 자신의 신념을 지켰다.

- A medical team is **standing by** in case of injuries.
의료진이 부상에 대비하여 대기 중이다.

(기본 개념) (바로) 옆에 서다 : by (바로) 옆에

2. stand for

① 나타내다(represent)
② 지지[지향]하다(stick up for)

- What does ATM **stand for**?
ATM이 무슨 뜻이죠?

- I don't know what he **stands for**.
나는 그가 무엇을 지향하는지 모르겠다.

(기본 개념) ~을 향해 서다 : for ~를 향해

CHECK-UP TEST

1. ASAP <u>represents</u> 'as soon as possible'.
ASAP는 '가능한 한 빨리'를 나타낸다.
a. stands up for   b. stands for

2. Take a deep breath and try to <u>calm down</u>.
숨을 깊이 들이쉬고 진정하려고 해봐.
a. settle for   b. settle down

3. She used to _______ her luxury handbags.
그녀는 자신의 명품 핸드백을 자랑하곤 했다.
a. show off   b. show down

4. How come she didn't <u>show up</u>?
그녀가 나타나지 않은 것은 도대체 무슨 일이죠?
a. appear   b. leave

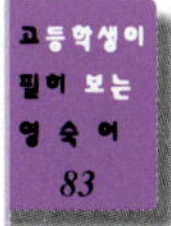

정답 1.b 2.b 3.a 4.a

3. stand out — 눈에 잘 띄다(be conspicuous)

- **She always stands out in a crowd.**
  그녀는 항상 많은 사람들 속에서도 눈에 잘 띈다.

기본 개념 밖에 나가서다

4. stand up for — ~을 지지[방어]하다(defend)

- **Silvia is capable of standing up for herself.**
  실비아는 자신을 방어할 수 있다.

기본 개념 ~쪽으로 가까이 서다 : up for ~를 향해 가까이

more **stand up to** 맞서다, 대항하다
- **Cliff couldn't stand up to bullying.**
  클리프는 괴롭힘에 맞설 수 없었다.

---

40 take — 잡다, (잡아) 취하다

---

1. take after — ~를 닮다(resemble)

- **Jenny really takes after her mother.**
  제니는 엄마를 꼭 빼닮았다.

기본 개념 (부모님) 뒤의 모습을 취하다

2. take down
① (받아) 적다(get down)
② (아래로) 떼어 내다(remove)

- **He took down the statements I said.**
  그는 내가 말한 것을 받아 적었다.

- **She made us take down all the posters.**
  그녀는 우리에게 모든 포스터들을 떼어 내게 했다.

기본 개념 (종이에) 내려가게 하다; (분리해) 내리다

3. take A for B — A를 B로 착각하다(confuse A with B)

- **I took him for my friend.**
  나는 그를 내 친구로 착각했다.

기본 개념 A를 B로 바꿔 생각하다 : 교환의 for!

4. take in — ① 포함하다(include) ② 이해하다(understand) ③《수동태로》~에 속다(be deceived)

- The course **takes in** English speaking.
  그 과정은 영어 말하기를 포함한다.

- Are you sure you're **taking in** what I'm saying?
  너 내가 말하는 거 확실히 이해하겠니?

- I'm not going to **be taken in** by his kindness. He's sly.
  난 그의 친절함에 속지 않을 거야. 그 사람 음흉해.

> 기본 개념 안에 넣다; ③ ~에 속다의 뜻은 → (이야기에 감쪽같이) 빠져들다

5. take off — ① (옷을) 벗다, 떼어내다(remove) ② (비행기가) 이륙하다(↔land)

- I **took** my clothes **off** because of the heat.
  더워서 옷을 벗었다.

- The plane is due to **take off** in five minutes.
  그 비행기는 5분후에 이륙할 예정입니다.

▶ **takeoff** 명) (비행기의) 이륙

> 기본 개념 (붙어 있던 것을) 떨어뜨리다;
> ② **이륙하다**의 뜻은「take itself off」에서 itself가 빠진 형태

CHECK-UP TEST

1. He _________ from the others with his height.
그는 키 때문에 다른 사람들과 구별이 잘 된다.
a. stands by   b. stands out

2. The children <u>resemble</u> their grandfather. 아이들이 할아버지를 닮았다.
a. take down   b. take after

3. She <u>took off</u> her glasses and wore contact lenses.
그는 안경을 벗고 콘택트렌즈를 꼈다.
a. removed   b. landed

4. I often <u>confuse</u> him <u>with</u> his twin brother.
난 종종 그를 그의 쌍둥이 형으로 착각한다.
a. take - for   b. take - with

정답 1.b 2.b 3.a 4.a

6. take on

① (일·책임 따위를) 맡다(assume)
② (사람을) 고용하다(hire)

- I can't **take on** the work.
  저는 그 일을 맡을 수가 없습니다.

- We're going to **take on** more staffs.
  우리는 더 많은 직원을 고용하려고 한다.

기본 개념 붙여 놓다

7. take over

~을 인수하다(gain control over)

- He's invested the company to **take over** it.
  그는 그 회사를 인수하기 위해 투자해왔다.

▶ **takeover** 명) 인수

기본 개념 넘겨받다 : over 넘겨

8. take to

~을 좋아하다(like)

- I think he **takes to** Rose.
  그가 로즈를 좋아하는 것 같아.

기본 개념 자신을 어딘가로 데려가다 (→ 스스로 좋아서 가다) → 좋아하다

탁쌤의 Tip 「take oneself to 명」에서 oneself가 빠진 형태!

9. take up

① 받아들이다(accept) ② 시작하다(start)
③ 차지하다(occupy)

- Eventually he **took up** my offer.
  결국 그가 나의 제안을 받아들였다.

- Nancy first **took up** a piano at the age of six.
  낸시는 6살 때 처음 피아노를 시작했다.

- This furniture **takes up** too much space.
  이 가구가 너무 많은 공간을 차지한다.

기본 개념 잡아들다

41   tell   말하다

1. tell A from B   A와 B를 구별하다(distinguish A from B)

- Can you **tell** a fake **from** the original?

  너 진짜에서 가짜를 구별할 수 있니?

  (기본 개념) B에서 A의 차이점을 말하다

2. tell off   야단치다, 혼내다(scold, child)

- Did your dad **tell** you **off** getting home late?

  니네 아빠가 너 늦게 들어온 거 혼내셨니?

  (기본 개념) (잘못을) 떨어뜨려 내고자 말하다

CHECK-UP TEST

1. He is going to ________ his father's company.

   그는 아버지의 회사를 인수할 것이다.
   a. take in   b. take over

2. He is too inexperienced to _____ this job.

   그는 이 일을 맡기엔 너무 미숙하다.
   a. take on   b. take to

3. Can you <u>distinguish</u> Italian <u>from</u> Spanish.

   넌 이태리어랑 스페인어를 구별할 수 있니?
   a. tell - from   b. tell - off

4. The swordsman <u>accepted</u> the enemy's challenge.

   검객은 원수의 도전을 받아들였다.
   a. took to   b. took up

정답 1.b 2.a 3.a 4.b

42 think　　생각하다

1. think of
① ~을 생각해내다(remember)
② ~라고 생각하다(regard)

- I can't **think of** his name.　난 그의 이름이 생각나지 않는다.

- Peter has **thought of** Kate as someone to be avoided.
피터는 케이트를 피해야할 사람으로 생각했다.

2. think about
~에 대해서 생각하다

- I'm **thinking about** moving to Canada.
난 캐나다로 이민가는 것에 대해 생각중이다.

3. think over
숙고하다, 곰곰이 생각하다(consider, ponder)

- Don't make a decision just yet, **think** it **over** for a few days.
당장 결정 내리지 말고 며칠 동안 그것을 숙고해보세요.

> 기본 개념　반복하여 생각하다 : over 반복해서

43 turn　　돌다

1. turn down
① 줄이다(reduce) ② 거절하다(reject)

- Do you mind **turning** the radio **down**?
라디오 소리 좀 줄여도 괜찮겠어요?

- I can't **turn** his asking **down**.
난 그의 부탁을 거절할 수가 없다.

> 기본 개념　돌려 내리다

2. turn off
(불·TV 등을) 끄다(↔ turn on 켜다)

- Don't forget to **turn** the lights **off** when you leave.
나올 때 불 끄는 거 잊지 마.

3. turn out
① (결과가) ~가 되다(come out)
② (사람들이) 나오다, 내보내다

- It was a difficult time, but eventually things **turned out** all right.
  어려운 시간이었지만 결국 일들이 잘 풀렸다.

- If you can't pay the rent, I'll **turn**·you **out**!
  만약에 집세 안내면 당신 내보낼 거야!

▶ **turnout** 명) 모인 사람들

(기본 개념) 돌아 나오(게 하)다

4. turn over
① (책장을) 넘기다 ② 넘겨주다(give over)

- If you **turn over** the page, you can see the answer.
  페이지를 넘기시면 정답을 볼 수 있습니다.

- He **turned** the shop **over** to his son.
  그는 그 가게를 아들에게 넘겨주었다.

(기본 개념) 넘어가다 : over 넘어

CHECK-UP TEST

1. Who _______ the television? 텔레비전 누가 껐어?
   a. turned out   b. turned off

2. The results didn't <u>come out</u> as he expected.
   결과는 그가 기대하던 대로 되지 않았다.
   a. turn out   b. turn over

3. Do you mind my _________ air conditioning?
   제가 에어컨 좀 줄여도 될까요?
   a. turning away   b. turning down

4. For even minor decision, he tends to _________.
   사소한 결정조차도, 그는 심사숙고하는 경향이 있다.
   a. think over   b. think of

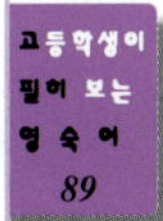

정답 1.b 2.a 3.b 4.a

5. turn to — ~에 의지하다(look to)

- Stress at work made him **turn to** alcohol.
  직장에서의 스트레스가 그를 술에 의지하게 만들었다.

  기본 개념 (몸을) 돌려 결국 ~에 가다 : 종착의 to

6. turn up — ① (소리를) 올리다 ② (사람이) 나타나다, 도착하다(show up)

- **Turn up** the volume on the TV.　TV 소리 좀 키워.

- I waited for an hour but she didn't **turn up**.
  난 한 시간동안 기다렸지만 그녀는 나타나지 않았다.

  기본 개념 돌려 올리다

44　wait　기다리다

1. wait for — ~을 기다리다

- a queue of people **waiting for** a bus
  버스를 기다리고 있는 사람들의 줄

  more **wait up** ~를 (안자고) 기다리다

  - Don't **wait up** for me. I'll be late.
    나 기다리지 마. 나 늦을 거야.

2. wait on — ① (식당에서) 시중들다 ② 기다리다(wait for)

- She always **waits on** her customers politely.
  그녀는 늘 고객들에게 정중히 시중들다.

- We're **waiting on** the blood test results.
  우리는 혈액 검사 결과를 기다리고 있다.

  기본 개념 ~에 붙어 기다리다 : on 접촉

45　watch　지켜보다

1. watch for — (주의 깊게) 지켜보다(pay attention to)

- We must **watch for** anything suspicious.
  우리는 의심스러운 것이면 무엇이든 주의 깊게 지켜보아야 한다.

  기본 개념 ~에 대해 지켜보다

2. watch out 조심하다(look out)

- You'll become a alcoholic if you don't **watch out**.
당신 조심하지 않으면 알콜 중독자가 될 거야.

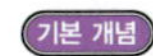 밖을 내다보다

CHECK-UP TEST

1. I have no one but you to <u>turn to</u>. 내가 의지할 사람이라곤 너밖에 없다.
   a. depend on   b. fall on

2. He never <u>shows up</u> on time. 그는 절대 제시간에 나타나는 법이 없다.
   a. turns down   b. turns up

3. A waiter is a man who ________ in a restaurant.
웨이터는 식당에서 시중을 드는 사람을 말한다.
   a. waits for   b. waits on

4. ________ ! There is a pool of water behind you.
조심해! 네 뒤에 물웅덩이가 있다.
   a. Watch out   b. Watch for

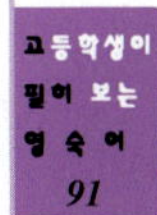

정답 1.a 2.b 3.b 4.a

고필허 영숙어 PART3
중요 숙어편
수능 숙어를 총망라한 견고한 책

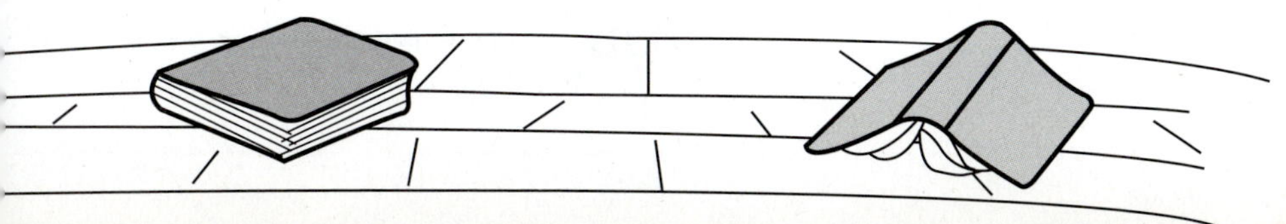

1

a bit of
약간의, 조금의(a touch of)

- I need **a bit of** your help.
당신의 도움이 조금 필요합니다.

2

a close call[shave]
위기일발, 구사일생(a close thing)

- When he got to the hospital he was almost dead. It was **a close call[shave]**.
그가 병원에 도착했을 때 그는 사경을 헤맸다. 위기일발의 상황이었다.

[탁쌤의 Tip] **a close call / shave / thing**
모두 같은 표현으로 (위급한 상황이) 가까이 발생되었음을 의미

[동의 숙어] **a narrow escape, the skin of one's teeth**

3

a couple of
두 개의(two), 두서너 개의(several)

- You'll be all right in **a couple of** days.
이틀 후면 모두 좋아질 거예요.

4

a shade
약간, (아주) 조금(a bit) 명) shading 근소한 차이

- The result was **a shade** better than we expected.
그 결과는 우리가 예상했던 것보다 조금 더 좋았다.

[탁쌤의 Tip] **shade** 그늘진 곳이 밝은 곳에 비해 약간 어두워지는 것에서 '약간' 의 의미가 생김

5

abide by
지키다, 따르다(stick to)

- All of us have to **abide by** a law.
우리 모두는 법을 지켜야 한다.

[기본 개념] abide(머무르다) +by(바로 옆에) ⇒ ~바로 옆에 (떠나지 않고) 머무르다

6 abound in
풍부하다　형) abundant 풍부한

- Seoul **abounds in** famous palaces.
서울에는 유명한 고궁들이 많이 있다.

7 above all
무엇보다, 우선(most of all)

- **Above all** else, children need security.
다른 무엇보다도 아이들은 안전이 필요하다.

8 across the board
전체적으로(on every item)

- There will be changes **across the board**.
전체적으로 변화가 있을 것이다.

기본 개념 (전체) 판을 거쳐서

CHECK-UP TEST

1. Few workers fail to _________ the rules. 소수 직원들이 규정을 지키지 않았다.
   a. get rid of　　　　　b. abide by

2. Take care of your health <u>above all</u> things. 무엇보다도 건강을 조심하여라.
   a. most of all　　　　　b. at first

3. Venice _________ famous hotels. 베니스에는 유명한 호텔들이 많이 있다.
   a. applies to　　　　　b. abounds in

4. What a close _______ I had! I nearly fell off the roof.
정말 위험했어! 하마터면 지붕에서 떨어질 뻔 했거든.
   a. escape　　　　　b. call

정답 1.b 2.a 3.b 4.b

9 · act on — ~대로 행동하다

- She is **acting on** the advice of her lawyers.
  그녀는 변호사들의 충고대로 행동하고 있다.

 **act as** ~로 역할을 하다, ~로 사용되다
- This couch **act as** a bed too.
  이 소파는 침대로도 사용된다.

act for ~을 대변하다, 대신 일하다
- Lawyers **act for** their clients.
  변호사들은 자신들의 의뢰인을 대변한다.

10 · add up — 다 더하다, 합계를 내다(count up)

- Now **add up** each column of figures.
  이제 각 세로 열(列)의 수치들을 다 더하시오.

 **add up to** ~의 결과를 낳다, ~의 합계가 되다
- This evidence **adds up to** the clear conclusio
  이 증거가 명백한 결론을 낸다.

11 · address oneself to — ~에 착수[매진]하다(start trying to solve it)

- We should **address ourselves to** the problem of economy. 우리는 경제 문제에 매진해야합니다.

12 · admit of — ~을 허용하다(permit)

- The facts **admit of** no other explanation.
  그 사실은 다른 설명을 허용하지 않는다.(다른 설명의 여지가 없다)

택쌤의 Tip admit은 타동사로도 잘 쓰임

13 · after all — 결국, 마침내(at last)

- He didn't help me **after all**. 그는 결국 나를 도와주지 않았다.

동의 숙어 **finally, eventually, in the end, in the long run**

14

all at once
all of a sudden] 갑자기(suddenly)

- **All at once** there was a loud baning on the door.
  갑자기 문을 쾅쾅 두드리는 소리가 들렸다.

(동의 숙어) **out of the blue, on the spur of the moment**

15

all in all 대체로(all things considered)

- **All in all**, I think the performance was a success.
  대체로 그 공연은 성공적이었던 것 같다.

16

all the time 항상, 언제나(always)

- They were quarreling **all the time**.
  그 사람들은 항상 싸운다.

CHECK-UP TEST

1. The various plans failed <u>after all</u>. 다양한 계획은 결국 실패했다.
   a. in the end　　　　　　　b. all the time

2. __________ I got a great idea. 갑자기 좋은 아이디어가 떠올랐다.
   a. All in all　　　　　　　b. All of a sudden

3. Let's <u>add up</u> the expenses. 비용을 합계내자.
   a. count on　　　　　　　b. count up

4. This _______ no doubt. 이것은 의심할 여지가 없다.
   a. admits of　　　　　　　b. puts down

정답 1.a 2.b 3.b 4.a

17

all the way

줄곧, 내내(during the whole of the journey)

- Helen didn't say a single word **all the way** back home.
  헬렌은 집에 돌아오는 내내 한 마디 말도 하지 않았다.

18

aloof from

~에서 멀리 떨어져(away)

- She had always kept **aloof from** men.
  그녀는 늘 남자들을 멀리했다.

> **탁쌤의 Tip** aloof는 부사로 항상 뒤에 from을 동반함

19

and so forth[on]

~ 등등(etc.)

- The study included women of different ages, races **and so forth**.
  그 연구는 다른 연령대, 인종 등의 여성들을 포함했다.

> **탁쌤의 Tip** etc.는 et cetera[etsétərə]로 발음하며 주로 영국에서 많이 씀.

20

answer for

책임지다(be responsible for)

- The coach must **answer for** the team's poor performance.
  그 감독은 그 팀의 부진한 성적에 대해 책임져야 한다.

> **탁쌤의 Tip** ~에 대해 대답하는 사람이 그것을 책임지고 있는 사람입니다.

21

answer[talk] back

말대꾸하다(retort)

- Don't **answer[talk] back**. It's rude.
  말대꾸하지마라. 무례한 일이다.

22

as a rule

대체로(on the whole, in general)

- **As a rule** most students finish their courseworks by the end of May.
  대체로 대부분의 학생들은 5월말까지 자신의 학과 과정을 마친다.

23

as a token of

~의 표시로(in token of)

- Please accept this gift **as a** small **token of** our appreciation.
  저희의 작은 감사의 표시로 이 선물을 받아주세요.

  탁쌤의 Tip **token** 명) 표시, 증표

24

as it is

실제로는, 실상은(in reality)

- I wanted to leave by six o'clock but **as it is**, I'm still be working.
  난 6시까지 (회사를) 떠나고 싶었지만 아직도 일하고 있다.

  탁쌤의 Tip as는 전치사(~로써)가 아닌 **접속사(~함에 따라)**로 쓰인 것임.

25

as things stand

현재 상황에서(as it stands)

- We found out the new evidence, but **as things stand** it isn't conclusive.
  우리가 새로운 증거를 찾아냈지만 현 상황에서 그것은 결정적이지 않다.

  탁쌤의 Tip ~에 대해 대답하는 사람이 그것을 책임지고 있는 사람입니다.

CHECK-UP TEST

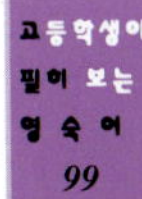

1. <u>As a rule</u>, high school seniors are under stress.
   대체로 고3 학생들은 스트레스를 받는다.
   a. On the whole   b. As it is

2. He gave me a ring __________ love.
   그는 나에게 사랑의 징표로 반지를 주었다.
   a. at the cost of   b. as a token of

3. I'll __________ your possible losses. 손해를 보신다면 제가 책임지겠습니다.
   a. answer for   b. answer back

정답 1.a 2.b 3.a

고필히 영숙어 PART 3 중요 숙어 편(수능 숙어를 총망라한 견고한 책)

100

26

at a loss
어쩔 줄을 몰라, 당황하여(at one's wits end)

- I was **at a loss** for what to do next.
난 당황하여 다음에 무슨 일을 해야 할지 몰랐다.

> 탁쌤의 Tip 여기서 loss(상실)은 → **할 말을 잃은 상태!**

27

at a time
한 번에

- Fred took stairs two **at a time**.
프레드는 한 번에 두 계단씩 걸었다.

at all time
항상, 늘(always)

- There must be silence in the library **at all times**.
도서관에서는 늘 정숙해야 한다.

at times
가끔(from time to time)

- Life is hard **at times**. 삶은 가끔씩 고달프다.

28

at all[any] costs
무슨 일이 있어도, 어떠한 희생을 치르고서라도
(whatever happened)

- We must avoid a war **at all costs**.
우리는 무슨 일이 있어도 전쟁을 피해야한다.

> 탁쌤의 Tip **cost** 명) ① 가격 ② 대가, 희생
> more **at the cost[expense] of** ~을 희생하여, 대가로 지불하고

29

at any rate
하여튼, 어쨌든(anyway)

- Well, **at any rate**, the next meeting will be on Wednesday.
자, 어쨌든, 다음 모임은 수요일이 될 것입니다.

> 동의 숙어 **in any event, in any case**

30

at best   잘해야, 기껏해야(at most)

- I can earn 3 million won **at best** a month.
  나는 한 달에 기껏해야 3백만 원을 벌 수 있다.

at least   적어도, 못해도(at worst)

- I can earn 3 million won **at least** a month.
  나는 한 달에 적어도 3백만 원은 벌 수 있다.

31

at first   처음에는(to begin with)

- The treatment worked well **at first**, but then the patient began to get worse.
  그 치료가 처음엔 잘 들었지만 그 후 그 환자는 나빠지기 시작했다.

CHECK-UP TEST

1. My son answers me back <u>from time to time</u>.
   나의 아들은 가끔 내게 말대꾸를 한다.
   a. at times   b. at all time

2. I was _________ which one to choose. 어떤 것을 고를지 어찌할 바를 몰랐다.
   a. at a loss   b. at a time

3. There is _________ one computer from house to house.
   집집마다 적어도 한대씩 컴퓨터가 있다.
   a. at hand   b. at least

4. I am determined to pass the exam at all _____.
   무슨 일이 있어도 꼭 시험에 합격하겠다.
   a. costs   b. means

정답 1.a 2.a 3.b 4.a

32

at first hand
직접적으로(directly)

- I saw **at first hand** that he committed a crime.
  나는 그가 범죄를 저지르는 것을 직접 봤다.

at second hand
간접적으로(indirectly)

- I heard the information **at second hand**.
  나는 그 정보를 간접적으로(다른 사람을 통해) 들었다.

> 탁쌤의 Tip at second hand **간접적으로** 와 second hand **중고로** 를 구분하자!

33

at home
① 집에서 ② 국내에서(↔ abroad)

- Last night we stayed **at home**.   어제 밤 우린 집에 있었어.
- auto sales **at home** and abroad   국내와 해외의 자동차 판매

> 탁쌤의 Tip 어휘 중에도 'domestic ① 가정의 ② 국내의' 란 똑같은 단어가 있어요

34

at large
(범인이) 붙잡히지 않아(not arrested)

- The criminal is still **at large**.   그 범인이 아직 붙잡히지 않았다.

> 기본 개념 넓은 곳에 : 범인이 **넓은 곳에** 활개치고(?)
>   다니니까 아직 붙잡히지 않은 거죠.

35

at length
(이야기를) 길게, 충분히(in detail)

- We've already discussed the subject **at length**.
  우리는 이미 그 주제를 충분히 토론했다.

36

at odds over[with]
~에 대해[~와] 다른(different from)

- They're **at odds over** the contract.
  그들은 그 계약에 대해 의견이 다르다.

> 탁쌤의 Tip odd 형) 이상한, 다른 ⇒ at odds는 '(의견이) 다른 상태에 있는' 의 뜻

37   **at random**   되는대로, 무작위로

- The leaflets were distributed **at random** to people passing by.
  전단지들이 지나가는 사람들에게 무작위로 배포되었다.

38   **(all) at sea**   혼란스러운, 막막한(confused)

- I was **all at sea** by the culture shock in the country.
  나는 그 나라에서 문화 충격에 의해 혼란스러웠다.

> **탁쌤의 Tip**   at sea는 그냥 단순하게 '바다에서, 선원으로' 라는 뜻도 있습니다.
> - He spent over 30 years **at sea**.
>   그는 바다에서 30년 이상을 보냈다.

39   **at short notice**   곧바로, 즉시(in no time)

- The plan was cancelled **at short notice**.
  그 계획은 즉시 취소되었다.

> **기본 개념** 짧은 통지로(준비 시간 없이) : notice 통지, 통고

CHECK-UP TEST

1. She was implicated in the case <u>indirectly</u>.
   그녀는 그 사건에 간접적으로 연루되었다.
   a. at first hand   b. at second hand

2. The hit-and-run driver is <u>not arrested</u> so far.
   그 뺑소니 운전사는 지금까지 붙잡히지 않았다.
   a. at large   b. in hand

3. Today's newspaper reports the event <u>in detail</u>.
   오늘 신문은 그 사건을 상세하게 보도하고 있다.
   a. at length   b. at odds over

4. We selected the card __________. 우리는 무작위로 카드를 선택했다.
   a. at random   b. in random

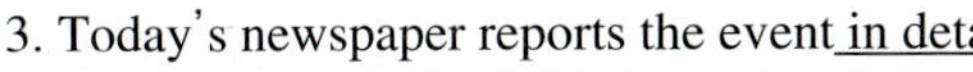

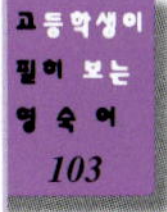

정답 1.b 2.a 3.a 4.a

40

at stake

위험에 처한(at risk)

- National pride is **at stake**. 국가적 자존심이 위기에 처해있다.

> **탁쌤의 Tip** **stake** 명) 내기(에 건 돈) ⇒ 내기에 돈을 걸어놨으니 위험할 수밖에요

41

at the moment

지금, 현재(now)

- I'm working in a restaurant **at the moment**.
  난 지금 레스토랑에서 일하고 있다.

> **기본 개념** (현재의) 그 순간에 → 지금

42

at will

마음대로(at one's disposal)

- The boss fired him **at will**. 사장이 그를 마음대로 해고했다.

> **탁쌤의 Tip** **will** 명) 의지

43

at work

① 직장에서, 일하고 있는 ② 작동 중인

- Matt is not here - he's **at work**. 매트 여기 없어요. 직장에 있죠.
- The volcano is **at work**. 그 화산은 활화산이다.

> **탁쌤의 Tip** **work** ① 일, 작동 ② 일터, 직장

44

avail oneself of

~을 이용[활용]하다(make use of)

- **Avail yourself of** every opportunity to learn.
  배울 수 있는 모든 기회를 활용해라.

45

back up

지지[후원]하다(support)

- My mother always **backs** me **up**.
  우리 엄마는 늘 나를 지원해주신다.

> **탁쌤의 Tip** 우리말의 '뒤를 받쳐주다'란 말과 똑같네요.

46

be absorbed in

~에 열중[몰두]해 있다
(be immersed[engrossed] in)

- She **was absorbed in** reading a book.
  그녀는 독서에 몰두했다.

47

be acquainted[familiar] with

~을 잘 알고 있다, ~에 밝다
(be conversant with)

- **Are** you **acquainted with** a computer?
  컴퓨터에 대해 잘 아세요?

48

be akin to

~와 비슷하다(be similar to)

- The result **was akin to** despair.   그 결과는 절망에 가까웠다.

탁쌤의 Tip **kin** 명) 친척 : 사이다(cider) 중에서 킨(kin)사이다도 있죠?

CHECK-UP TEST

1. The Korean music market is ______. 한국의 음반 시장은 위험에 처해있다.
   a. at work　　　　　　　b. at stake

2. I can handle a computer <u>at my disposal</u>.
   나는 컴퓨터를 마음대로 다룰 수 있다.
   a. at will　　　　　　　b. at sea

3. <u>Make use of</u> your leisure hours. 너의 한가한 시간을 잘 이용해라.
   a. Back up　　　　　　　b. Avail yourself of

4. He is absorbed ____ on-line shopping. 그는 온라인 쇼핑에 몰두해있다.
   a. in　　　　　　　b. at

정답 1.b 2.a 3.b 4.a

PART 3 고필히 영숙어
중요 숙어편(수능 숙어를 총망라한 견고한 책)

106

49

be all ears　　경청하다(listen carefully)

- As soon as I mention money, Kathy **was all ears**.
  내가 돈에 대해 이야기를 꺼내자마자 케이티는 귀를 쫑긋 세웠다.

　탁쌤의 Tip　우리말의 **'귀를 쫑긋 세우다'** 라는 말처럼 친한 사이에서 편하게 쓸 수 있는 표

50

be anxious about + 주제
be anxious for + 사람　　~에 대해 걱정하다(be worried about[for])

- Helen **is anxious about** travelling by herself.
  헬렌은 혼자 여행하는 것에 대해 걱정하고 있다.
- Helen **is anxious for** her son.
  헬렌은 아들에 대해 걱정하고 있다.

　more　**be anxious to + ⓥ**　~하기를 몹시 바라다

51

be [**apt to + ⓥ**　　~하기 쉽다(tend+ⓥ)
　　　[**for + ⓝ**　　~에 적합하다(be appropriate for+ⓝ)

- He **was apt to** get upset when things went wrong.
  그는 일이 잘못되면 쉽게 기분이 나빠졌다.
- The punishment **is apt for** the crime.　처벌이 그 범죄에 적합하다.

　동의 숙어　**be subject to + ⓥ** , **be liable to + ⓥ** ,
　　　　　be prone to + ⓥ

52

be aware of　　~을 알고 있다(be conscious of)

- She **was** very **aware of** the noise of the city.
  그녀는 그 도시의 소음에 대해 잘 알고 있었다.

53

be badly off　　가난하다(be poor ↔ be well off 부유하다)

- She **was** quite **badly off** for a while after her husband
  died.　그녀는 남편이 죽은 후 한 동안 몹시 가난했다.
- They are fairly **well off**.　그들은 꽤 부유하다.

　탁쌤의 Tip　여기서 off는 '아주, 완전히' 라는 뜻의 강조부사

54

be based on ~에 기초[근거]를 두고 있다(be predicated on)

- The entire theory **is based on** these statistics.
  그 전체 이론은 이 통계 자료에 근거를 두고 있다.

55

be bent on ~을 결심하다(determine)

- He **was bent on** suicide. 그는 자살을 결심했다.

기본 개념 ~로 (마음이) 기울어지다 : bent 형) 휜, 굽은

56

be bound for ~행이다

- The ship **is bound for** New York. 그 배는 뉴욕행이다.

be bound to + ⓥ 반드시 ~하다(never fail to+ⓥ)

- Don't lie to her. She**'s bound to** find out.
  그녀에게 거짓말하지 마라. 그녀는 반드시 알아낸다.

탁쌤의 Tip bound는 bind(묶다, 맺다)의 과거분사

CHECK-UP TEST

1. Don't <u>be worried about</u> appearance too much.
   외모에 대해 너무 걱정하지 말아라.
   a. be anxious about   b. be akin to

2. Much smoking <u>tends to</u> injure the lungs.
   과도한 흡연은 폐를 손상시키기 쉽다.
   a. is apt to   b. is familiar with

3. I <u>am acquainted with</u> the neighborhood. 나는 이 근방을 잘 알고 있다.
   a. am all ears for   b. am aware of

4. She doesn't seem to be <u>badly off</u>. 그녀는 전혀 가난해 보이지 않는다.
   a. poor   b. rich

정답 1.a 2.a 3.b 4.a

57

be concerned with ~와 관계가 있다(be relevant to)

- His recent book **is concerned with** environmental issues.
  그의 최근 책은 환경 문제들과 관계되어 있다.

(more) **be concerned about** ~을 걱정하고 있다
  - He **is concerned about** environmental issues. 그는 환경 문제들을 걱정하고 있다.

탁쌤의 Tip 무언가 **관계되어 있으면** 당연히 그것에 대해 **걱정하게** 마련..

58

be conscious of ~을 알고 있다(be aware of)

- I **became conscious of** someone watching me.
  누군가 나를 보고 있다는 것을 알게 되었다.

(more) **be unconscious of** ~을 모르고 있다

59

be content with ~에 만족하다(be satisfied with)

- I**'m content with** my life. 나는 내 삶에 만족한다.

탁쌤의 Tip 다음과 같이 쓸 수도 있습니다. content oneself with ~에 만족하
: 여기서 content는 타동사

60

be cut out for[to be] ~에 딱 맞다, 적합하다(be suitable for)

- I**'m** not **cut out for** selling. 난 파는 일은 맞지 않는다.

기본 개념 무언가를 위해 잘려 나와 있다 : 주로 부정문에 쓰임.

61

be [devoid of / destitute] ~이 없다(be without something)

- He **is devoid[destitute] of** mercy.
  그에게 자비심이라고는 없다.

탁쌤의 Tip **destitute** 형) ① 가난한 ② ~이 없는

62

be eligible [**for + ⓝ** ~에 대해 **자격이 있다** / **to + ⓥ** ~할 수 있는]

- Students **are** not **eligible for** loan.
  학생들은 대출받을 자격이 없다.

> **탁쌤의 Tip** eligible은 elect(선출하다)의 형용사로 '선출될 수 있는'의 뜻.
> → '선출될 수 있다는' 것은 곧 그만큼의 '자격이 있는'

63

be endowed with ~을 부여받다, 타고나다(be blessed with)

- She **was endowed with** good looks.
  그녀는 예쁜 얼굴을 타고났다.

64

be entitled to ~을 받을[할] 자격이 있다(deserve)

- Full-time employees **are entitled to** health insurance.
  정규 직원들은 건강 보험을 받을 자격이 있다.

> **탁쌤의 Tip** 「entitle + 목 + to v」~에게 ~할 수 있는 자격을 주다

CHECK-UP TEST

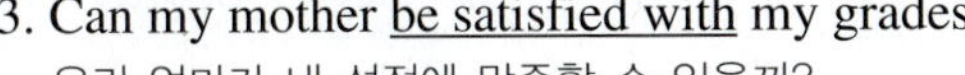

1. You should <u>be aware of</u> his innocent intentions.
   너는 그의 순수한 의도를 알아야 한다.
   a. be conscious of　　b. be devoid of

2. It is <u>concerned with</u> psychological influence.
   그것은 심리적 영향과 관계가 있다.
   a. is cut out for　　b. is relevant to

3. Can my mother <u>be satisfied with</u> my grades?
   우리 엄마가 내 성적에 만족할 수 있을까?
   a. be content with　　b. be endowed with

4. People over 18 _____________ a driver's license.
   18세 이상인 사람은 운전면허증을 가질 자격이 있다.
   a. are eligible for　　b. are responsible for

정답 1.a 2.b 3.a 4.a

65

be equal to

~을 감당할 수 있다, 능력이 된다(be up to)

- I'm sure he**'s equal to** the task.
  난 그가 그 임무를 잘 해낼 수 있을 거라 확신한다.

66

be fed up with

~에 질리다, 싫증나다(be sick of)

- I**'m** really **fed up with** this constant rain.
  계속되는 비에 정말 질린다.

기본 개념 ~을 (지겨울 정도로) 다 먹게 되다 : fed는 feed(먹을 것을 주다)의 과거분사

67

be given to + 명 or 동명사   ~하는 경향이 있다(tend to v)

- He**'s given to** drinking rather heavily.
  그는 다소 술을 과하게 마신다.

탁쌤의 Tip ~에 주어져 있는 상황이니까 ~하기 쉽겠죠.

68

be grateful to

~에게 감사하다(be thankful to)

- We **are** really **grateful to** you for coming here.
  여기 와주신 여러분께 진심으로 감사드립니다.

69

be guilty of

~의 죄가 있다(be criminal of)

- He **is guilty of** murder.   그는 살인죄가 있다.

70

be inclined to + ⓥ

~하고 싶어지다, 경향이 있다(feel disposed to v)

- I**'m inclined to** help her.   난 그녀를 돕고 싶다.

71

be lacking in

~이 부족하다(be wanting in)

- He **is lacking in** confidence.   그는 자신감이 부족하다.

72

be liable for + ⓝ ~에 대해 책임이 있다(be responsible for)

- The airline company **is liable for** the accident.
그 항공사가 그 사고에 대한 책임이 있다.

be liable to + ⓥ ~하기 쉽다, ~할 것 같다(be likely to v)

- The car **is liable to** overheat on long trips.
그 자동차는 장거리 여행에서 과열될 것 같다.

[탁쌤의 Tip] liable의 어원적 의미 : 묶여 있는
'묶여 있는'의 의미는 곧 '강한 결합'의 뜻을 내포하게 됩니다.

73

be occupied with ~로 바쁘다(be busy with)

- She's fully **occupied with** work. 그녀는 일로 너무 바쁘다.

[탁쌤의 Tip] **occupation** 명) 직업

CHECK-UP TEST

1. It <u>is likely to</u> be overestimated. 그것은 과대평가되기 쉽다.
   a. is fond of   b. is liable to

2. We ___________ care about people's eye.
   우리는 사람들의 이목에 신경 쓰는 경향이 있다.
   a. are inclined to   b. are grateful to

3. He ________ abduction. 그는 유괴를 저지른 죄가 있다.
   a. is guilty of   b. is equal to

4. She <u>is occupied with</u> her job and childcare. 그녀는 업무와 육아로 바쁘다.
   a. is possessed with   b. is busy with

정답 1.b 2.a 3.a 4.b

74

be on pins and needles 안절부절 못하다(be very nervous)

- I was **on pins and needles** until I found out I'd passed the exam.

  내가 시험에 합격했다는 사실을 알기 전까지 난 안절부절 못했다.

  탁쌤의 Tip 우리말에 '바늘방석' 이란 말과 비슷하네요

75

be particular about ～에 까다롭다(be fussy about)

- Martin**'s** very **particular about** his food.

  마틴은 음식에 대해 아주 까다롭다.

  탁쌤의 Tip ～에 대해 '(너무) **특별하게 군다**' 는 것은 곧 까다롭다는 것

76

be possessed with[by] ～에 사로잡히다(be obsessed by)

- She **was possessed by** the devil.

  그녀는 악마에 사로잡혔다.

  탁쌤의 Tip possess(소유하다) 동사가 수동태로 쓰인 형태

77

be reluctant to + ⓥ ～하기를 꺼리다(be unwilling to v)

- He **was reluctant to** lend me money.

  그는 나에게 돈 빌려주기를 꺼렸다.

78

be sick(and tired) of ～에 싫증이 나다(be fed up with)

- **I'm sick of** washing dishes.

  설거지 하는 것에 싫증이 난다.

  탁쌤의 Tip **sick** 형) ① 아픈 ② **구역질나는**

79

be sold out
sell out — 매진되다

- The tickets of the concert **are** completely **sold out**.
  그 콘서트 티켓이 완전 매진입니다.

탁쌤의 Tip 여기서 out은 '끝까지' 의미인 강조부사

80

be too much for + 사람 ~에게 벅차다, 힘겹다

- The shock **was too much for** her.
  그 충격은 그녀에겐 벅찼다.(이겨내기 힘들었다.)

기본 개념 ~에게 너무나 크다

81

be true of ~에 적용되다(be applicable to)

- This rule **is true of** all universities.
  이 규칙은 모든 대학들에 적용됩니다.

more **be true to** ~에 충실하다(be loyal to)
- David is always **true to** his wife.
  데이비드는 언제나 아내에게 충실하다.

CHECK-UP TEST

1. She <u>is fed up with</u> repetitive daily life. 그녀는 반복되는 일상생활에 질렸다.
   a. is sick of   b. is given to

2. Examinees are bound to <u>be very nervous</u>.
   수험생들은 안절부절 하기 마련이다.
   a. be sick and tired of   b. be on pins and needles

3. Sorry, all tickets _____________. 죄송합니다. 모든 표가 매진되었습니다.
   a. are sold out   b. are bought up

정답 1.a 2.b 3.a

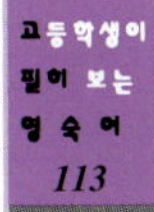

82

be (up) in the air 미정이다(undecided, pending)

- Our trip **is** still **up in the air**.우리의 여행은 아직 미정이다.

탁쌤의 Tip '(완전히) 공중에 떠있다' 라는 것은 아직 결정이 되지 않았다는 뜻.

83

be willing to + ⓥ 기꺼이 ~하다(be agreeable to v)

- **I'm willing to** help you.   기꺼이 당신을 도와드리지요.

84

be[get] wet to the skin 흠뻑 젖다(be drenched)

- Everyone **got wet to the skin** by the sudden shower.
갑작스러운 소나기 때문에 모든 사람이 흠뻑 젖었다.

탁쌤의 Tip 피부까지 젖었으니 흠뻑 젖은 거네요.

85

bear[keep] ~ in mind ~을 명심하다(remember)

- You should **bear** my advice **in mind**.   내 충고 명심해야 돼.

탁쌤의 Tip 우리말에도 '마음에 두다' 라는 말이 있지요.

86

bear witness to ~을 입증하다(prove)

- Her promotion **bears witness to** her ability.
승진이 그녀의 능력을 입증한다.

탁쌤의 Tip **witness** 명) ① 목격자, 증인 ② 증언, **입증**

87

beat around[about] the bush 말을 빙빙 돌리다

- Don't **beat around the bush**; get to the point.말 빙빙 돌리지 말고 요점을 말해.

탁쌤의 Tip **bush** 명) 덤불, 수풀 : 사냥꾼들이 막대기로 수풀(bush) 주변을 두드리며 사냥감(game)을 밖으로 몰아낸 데서 유래.

88 behind one's back   ~의 뒤에서, 몰래(secretly)

- I noticed that they were talking about me **behind my back**.
  나는 그들이 내 등 뒤에서 나에 대해 이야기하고 있다는 것을 알아차렸다.

89 behind time   지각하여, 시간에 늦게(late) ↔ in time 시간 안에

- The train is 30 minutes **behind time**.   기차가 30분 늦었다.

(more) **behind the times** 시대에 뒤진, 구식의(old-fashioned)
- Our equipment is **behind the times**.
  우리 장비는 구식이다.

90 beside oneself   제 정신이 아닌, 미친(crazy, mad)

- The girl was almost **beside herself**.
  그 소녀는 거의 제정신이 아니다.

(기본 개념) 자신(oneself)의 옆에 (나가) 있는 : 우리말의 '**정신 나간**'과 비슷

CHECK-UP TEST

1. The date of graduation <u>is undecided</u> now. 졸업일은 현재 미정이다.
   a. is willing to　　　　b. is up in the air

2. My sneakers <u>were drenched</u> in the rain. 내 운동화가 비에 흠뻑 젖었다.
   a. were beat around the bush　　　b. were wet to the skin

3. My watch goes 10 minutes <u>late</u>. 내 시계는 10분 늦게 간다.
   a. behind the times　　　b. behind time

4. _____________ that you must beware of pickpockets.
   소매치기를 조심해야 한다는 걸 명심해라.
   a. Learn by heart　　　b. Bear in mind

정답 1.b 2.b 3.b 4.b

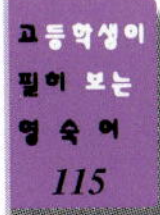

고필히 영숙어
PART 3
중요 숙어 편(수능 숙어를 총망라한 견고한 책)

116

91

beware of
조심하다(watch out)

- **Beware of** the dog!　개를 조심하세요!

92

beyond description
형언할 수 없는(ineffable)

- His cruelty was **beyond description**.
  그의 잔인함은 형언할 수 없다.

> **탁쌤의 Tip** 형언(description)을 뛰어 넘는(beyond)

93

boast of
자랑하다(brag, show off)

- He is inclined to **boast of** his success.
  그는 자신의 성공을 자랑하려는 경향이 있다.

> **탁쌤의 Tip** boast는 타동사로도 쓰일 수 있음.

94

body and soul
열과 성을 다해, 몸과 마음을 바쳐(completely)

- She threw herself **body and soul** into her work.
  그녀는 열과 성을 다해 자신의 일에 매진했다.

> **more** **keep body and soul together**
> 근근이 살아가다(live from hand to mouth)

95

bring A home to B
A를 B에게 절실히 깨닫게 하다

- The episode has **brought home to me** the pointlessness of this war.
  그 사건이 내게 이 전쟁의 무의미함을 절실히 깨닫게 해주었다.

A come home to B
A가 B의 가슴에 절실히 와 닿다

- The pointlessness of this war **came home to** me.
  이 전쟁의 무의미함이 내 가슴에 절실히 와 닿았다.

> **탁쌤의 Tip** 이 두 숙어에서 home은 부사로써 '가슴 깊이'의 뜻.

96

bring + 목 + to an end ~을 끝내다(have done with)

- The trial was swiftly **brought to an end**.
  그 재판은 신속히 끝났다.

come to an end 끝나다(be over)

- The trial **came** swiftly **to an end**.
  그 재판은 신속히 끝났다.

97

brush up on 복습[연마]하다(review)

- I have to **brush up on** my English.
  난 영어를 복습해야해.

탁쌤의 Tip brush 명) (먼지를 털어내는) 솔 동) 솔질하다; 닦아내다
우리말의 **'갈고 닦다'** 와 비슷한 표현.

CHECK-UP TEST

1. He <u>showed off</u> his new cellular phone. 그는 새 휴대폰을 자랑했다.
   a. boasted of   b. brushed up on

2. A boring biology class <u>was over</u>. 지루한 생물 수업이 끝났다.
   a. came to an end   b. came home to me

3. Her friendliness is ________________. 그녀의 다정함은 형언할 수 없다.
   a. by a hair's breadth   b. beyond description

4. A blackout ________________ the value of electricity.
   정전은 전기의 고마움을 절실히 깨닫게 한다.
   a. brings home to us   b. brings us to an end

정답 1.a 2.a 3.b 4.a

고필히 영숙어
PART 3
중요 숙어 편 (수능 숙어를 총망라한 견고한 책)

118

98

bump into [+ 사물 / + 사람]
~에 부딪치다(run into)
우연히 만나다(come across)

- Because the room was dark I **bumped into** the door.
  방이 어두워서 문에 부딪쳤다.
- I **bumped into** a friend at the theater.
  난 그 극장에서 한 친구를 우연히 만났다.

탁쌤의 Tip **bump** 동) 부딪치다 : 자동차의 앞, 뒷부분을 범퍼(bumper)라고 함

99

by a hair's breadth
아슬아슬하게, 간발의 차로(by the skin of one's teeth)

- The bullet missed me **by a hair's breadth**.
  총알이 아슬아슬하게 나를 빗겨갔다.

기본 개념 머리카락 하나(의 넓이) 차이로 : breadth 명) 넓이
more **It was a close call.** 구사일생이었다.

100

by all means
(대답으로) 그렇게 하세요

- "Can I bring my girlfriend?" "By all means."
  "내 여자친구 데려와도 되니?" "그렇게 하세요."

by no means
결코 ~아니다(not at all)

- It is **by no means** certain that the game will take place.
  그 경기가 개최될 지는 전혀 확실하지 않다.

탁쌤의 Tip **means** 명) 수단, 방법:by no means 자체를 부사로 이해하자.

101

by degrees
점차로, 조금씩(gradually)

- Add water **by degrees**, stirring continuously.
  계속 저으면서 물을 조금씩 더 넣으세요.

탁쌤의 Tip **degree** 명) 정도, 단계

102

by [dint / virtue] of   ~에 의하여, ~의 덕택에(at the mercy of)

- She became a Australian resident **by dint[virtue] of** her marriage.
  그녀는 결혼으로 인해 호주 거주자가 되었다.

탁쌤의 Tip **dint** 명) 힘 / **virtue** 명) 덕, 미덕

103

by land   육로로

- Troops began an assault on the city **by land**.
  군인들이 육로로 그 도시를 공격하기 시작했다.

more **by air** 항공편으로 / **by sea** 기차로 / **by rail** 철도로
교통 수단으로 이용할 때는 정관사 the를 붙이지 않음

104

by leaps and bounds   비약적으로(very quickly)

- Computer technology has advanced
  by leaps and bounds.
  컴퓨터 기술은 비약적으로 발전해왔다.

기본 개념 (경계를) 껑충껑충 뛰어오름으로써 : leap 명) 도약 , bound 명) 경계

CHECK-UP TEST

1. His bike <u>ran into</u> a telegraph pole. 그의 오토바이가 전봇대에 부딪쳤다.
   a. bumped into   b. bragged

2. Your grades will get better <u>gradually</u>. 네 성적은 점차로 향상될 것이다.
   a. by the day   b. by degrees

3. He became a star <u>by dint of</u> his agency. 그는 소속사 덕에 스타가 되었다.
   a. by virtue of   b. by land

4. He has __________ any sense of beauty. 그는 미적 감각이라곤 전혀 없다.
   a. by all means   b. by no means

정답 1.a 2.b 3.a 4.b

105

by nature

천성적으로

- She is generous **by nature**.
그녀는 천성적으로 관대하다.

> **탁쌤의 Tip** **nature** 명) 성격, 천성 : human nature 인간의 본성

106

by the day

일당으로

- You can receive your pay **by the day**.
봉급을 일당으로 받으실 수 있습니다.

> **탁쌤의 Tip** 비교해야 할 다른 표현들
> **by the hour** 시급으로
> **by the month** 월급으로
> **by the year** 연봉으로

107

by the way

(화제를 바꿀 때) 그런데

- **By the way**, have you seen my keys anywhere?
그런데 내 열쇠 어디서 봤니?

108

by way of

~을 경유해서(via)

- We went to Busan **by way of** Dae-gu.
우리는 대구를 경유해 부산으로 갔다.

> **기본 개념** ~의 길로 ⇒ ~를 경유해서

109

call one's names

욕하다, 모욕하다(insult)

- Don't **call** my **names**! 나를 모욕하지 마!

> **탁쌤의 Tip** 우리말에도 '~의 이름을 들먹거리다' 라는 말이 있네요.

110

calm down   (화 · 흥분이) 진정되다, 진정시키다(relax)

- **Calm down**, don't get so excited. 진정해, 너무 흥분하지 마.

111

care for   돌보다(look after, take care of))

- Many of those who **care for** the elderly do voluntarily.
  노인들을 돌보는 많은 사람들은 자발적으로 일한다.

112

catch fire   불붙다

- The factory **caught fire** yesterday. 그 공장에서 어제 불났다.

(more) **catch cold** 감기 걸리다

CHECK-UP TEST

1. She is an introvert person ___________. 그녀는 천성적으로 내성적인 사람이다.
   a. by nature   b. by leaps and bounds

2. _______, where is your textbook? 그런데, 네 교과서는 어디 있니?
   a. By the way   b. On the way

3. This flight goes to Dubai <u>via</u> Beijing.
   이 항공편은 북경을 경유해서 두바이로 간다.
   a. in the way   b. by way of

4. She <u>looks after</u> her sick father-in-law close by.
   그녀는 아픈 시아버지를 가까이서 돌본다.
   a. cares for   b. takes after

정답 1.a 2.a 3.b 4.a

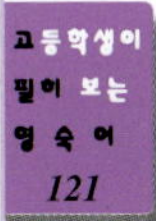

113 catch[get, take] hold of ~을 잡다

- I **caught hold of** her arm. 난 그녀의 팔을 잡았다.

(more) **take + 사람 + by the arm[hand]**
~의 팔[손]을 잡다
- Jenny **took me by the hand**.
제니가 내 손을 잡았다.

114 catch sight of ~을 보다(take a look at)

- She **caught sight of** her face in the mirror.
그녀는 거울로 자신의 얼굴을 보았다.

115 cheer up 기운 내다, 격려하다

- **Cheer up**! The worst is over. 힘내! 최악의 상황이 끝났어.

탁쌤의 Tip 우리나라에서 술을 마실 땐 '**건배!**', 미국에선 'Cheers!'

116 cling to ~을 꽉 붙잡다(stick to, adhere to)

- He **clung to** the hope that she would be cured.
그는 그녀가 치료될 수 있을 거라는 희망을 놓지 않았다.

117 close[near] by ~ 가까이에, 바로 옆에(close at hand)

- Her father lives quite **close by**.
그녀의 아버지는 아주 가까이 산다.

탁쌤의 Tip **by** ~의 (바로) 옆에

118 close to ~에 가까운, 비슷한(similar)

- Inflation is **close to** 7 percent.
인플레이션(물가상승)이 7퍼센트에 가깝다.

탁쌤의 Tip **close by** 위치적으로 가까운 / **close to** 정도가 ~에 가까운

119

come into existence[being]　생겨나다, 존재하게 되다(be born)

- The Communist Party **came into existence** in 1918. 공산당은 1918년 생겨났다.

120

come near ~ing　거의 ~할 뻔하다(nearly escape from ~ing)

- The old woman **came near** be**ing** run over by car. 그 할머니가 거의 차에 치일 뻔했다.

(기본 개념) ~하는 것에 가까이 오다

121

come to light　밝혀지다(be brought to light)

- Fresh evidence **came to light** before the trial. 재판 전에 새로운 증거가 밝혀졌다.

CHECK-UP TEST

1. <u>Take a look</u> at that wooden sculpture. 저 목재 조각상을 봐라.
   a. Catch hold of　　　　b. Catch sight of

2. She ________ her belief about religion.
   그녀는 자신의 종교에 대한 신념을 고수하고 있다.
   a. clings to　　　　b. applies to

3. I _________ falling down. 나는 거의 넘어질 뻔 했다.
   a. came near　　　　b. came into existence

4. The secret of his birth ____________. 그의 출생의 비밀이 밝혀졌다.
   a. commanded a fine view　　　b. came to light

정답 1.b 2.a 3.a 4.b

고필히 영숙어
PART 3
중요 숙어 편 (수능 숙어를 총망라한 견고한 책)

124

122 come to terms with — (마지못해) 받아들이다 (accept)

- She had to **come to terms with** the fact that she will never have children.

  그녀는 아이를 가질 수 없다는 사실을 받아들여야 했다.

> **탁쌤의 Tip** terms 명) 조건, 관계 : ~와의 관계(terms with)를 맺다(come to)
> → ~을 받아들이다

123 command a fine view — 전망이 좋다

- The hotel **commands a fine view**.

  그 호텔은 전망이 좋다.

> **탁쌤의 Tip** command 타) ① 명령하다 ② 자유롭게 쓰다 ③ 내려다보다
> 또한 command는 명사로 '(언어에 대한) 구사력' 의 뜻도 있어요.
> - She **has a good command** of English. 그녀는 영어를 잘 구사한다.
>   = She speaks English very well.

124 commit oneself to — ~에 헌신[전념]하다 (apply oneself to)

- He **committed himself to** his business. 그는 사업에 전념했다.

> **기본 개념** 자신을 ~에 완전히 보내다 ⇒ ~에 헌신[전념]하다
>
> **more** commit a crime 범죄를 저지르다
> commit suicide 자살하다
>
> **동의 숙어** devote[dedicate] oneself to

125 count for nothing — 전혀 쓸모가 없다 (be useless)

- His promises **count for nothing**.

  그의 약속은 전혀 쓸모가 없다.(약속을 전혀 안 지킨다)

count for much — 상당히 중요하다 (be important)

- His advice **counts for much**. 그의 충고는 상당히 중요하다

> **탁쌤의 Tip** count 타)세다 자)중요하다 : 무언가를 세는 것은 곧 그것이 중요한 것이기 때

126 cover up — 숨기다, 은닉하다(hide)

- The defendant is **covering up** the truth. 피고가 진실을 숨기고 있다.

탁쌤의 Tip up은 '다, 완전히'의 뜻으로 강조 부사!

127 cut a fine figure — 두각을 나타내다(make oneself different)

- The young player **cut a fine figure** in the game.
그 젊은 선수가 그 경기에서 두각을 나타냈다.

기본 개념 좋은 모습을 보이다 : 문학적인 표현으로 글을 쓸 때 주로 쓰임

128 derive from — ~에서 나오다, 유래하다(result from)

- Much of the English language **derive from** Latin and Greek.
영어의 많은 부분이 라틴어와 그리스어에서 유래되었다.

비교 **derive A from B** A를 B에서 얻다

- I **derive** pleasure **from** reading a book.
나는 독서에서 즐거움을 얻는다.

CHECK-UP TEST

1. His formal advice <u>is useless</u>. 그의 형식적인 조언은 전혀 쓸모가 없다.
   a. counts for nothing   b. counts for much

2. She <u>applied herself to</u> gardening. 그녀는 원예에 전념했다.
   a. distinguished herself   b. committed herself to

3. He <u>accepted</u> calls for resignation. 그는 사임 요구를 받아들였다.
   a. was close to   b. came to terms with

4. She ___________ in consumer psychology.
   그녀는 소비자 심리학에서 두각을 나타내고 있다.
   a. covers up   b. cuts a fine figure

정답 1.a 2.b 3.b 4.b

129 die of[from] — ~로 죽다

- patients who are **dying of[from]** cancer
  암으로 죽어가는 환자들

탁쌤의 Tip 현지 미국인들은 die of[from]를 구별하지 않고 같은 의미로 씀.

130 die out — 소멸하다, 사라지다(disappear)

- Many of the old traditions are **dying out**.
  많은 오래된 전통들이 사라져가고 있다.

비교 **die away** 잠잠해지다, 약해지다

131 dispense with — ~없이 지내다, ~을 필요 없게 하다(do without)

- Many households have **dispensed with** their video players.
  많은 가정들은 비디오 플레이어가 필요 없어졌다.

기본 개념 ~을 나누어주다 :「dispense with +목」형태에서 목적어를 나누어 줘버리니 주어는 '~없이 지내다' 가 됨

132 distinguish oneself — 이름을 날리다, 유명해지다(become famous)

- Park Ji-Sung **distinguished himself** at World Cup.
  박지성은 월드컵에서 이름을 날렸다.

기본 개념 자신을 (다른 사람들과) 구별시키다 ⇒ 이름을 날리다

133 do good[harm] — 이익이[해가] 되다

- Vegetables **do** you **good**. 야채는 당신에게 이익이 된다.
- Junk food **does** you **harm**. 불량식품은 당신에게 해가 된다.

탁쌤의 Tip do good[harm] 사이에 사람이 목적어로 들어올 수 있음

134

do [justice to ~ / ~ justice] ~을 바르게 나타내다, 공정하게 대하다(treat fairly)

- The photo [didn't do justice to / did her justice] her.

사진이 그녀의 실물보다 못나왔다.

135

dress up (옷을) 잘 차려입다, 정장을 하다(put on special clothes)

- I feel like **dressing up** and going somewhere really nice.

잘 차려입고 아주 근사한 곳에 가고 싶다.

136

drop ~ a line ~에게 (짧은) 편지를 쓰다(write to)

- **Drop me a line** when you know your exam results.

시험 결과 알게 되면 편지해.

기본 개념 (종이에) 잉크(짧은 글)를 떨어뜨리다 ⇒ 짧은 글을 쓰다

CHECK-UP TEST

1. Many rare animals have <u>disappeared.</u> 많은 희귀동물들이 사라져가고 있다.
   a. died of　　　　　　　b. died out

2. A good judge <u>treats fairly</u> a person. 훌륭한 판사는 사람을 공정하게 대한다.
   a. distinguishes himself　　b. does justice to

3. Fast food _________ to our health. 패스트푸드는 우리의 건강에 해롭다.
   a. does good　　　　　b. does harm

4. I'll <u>write to you</u> when I get there. 거기에 도착하면 네게 편지 쓸게.
   a. dress you up　　　　　b. drop you a line

정답 1.b 2.b 3.b 4.b

137 dwell on — (지나치게 오랫동안) 숙고하다(contemplate)

- There is no use of **dwelling on** the problem.
  그 문제에 대해 오랫동안 숙고해봤자 소용없다.

비교 **dwell in** ~에 살다, 거주하다(reside in)

- They **dwell in** the forest. 그들은 숲 속에 산다.

138 enjoy oneself — 즐기다(amuse oneself with)

- The park was full of people, **enjoying themselves** in the sunshine.
  그 공원은 햇볕을 즐기고 있는 사람들로 가득 찼다.

탁쌤의 Tip enjoy는 동명사를 목적어로 취하는 타동사임에 주의! : enjoy ~ing

139 enter into — ~을 시작하다(embark upon)

- The government **entered into** discussion with the Opposition.
  정부는 야당과의 토론을 시작했다.

탁쌤의 Tip enter + 장소 : enter a room 방에 들어가다 → 타동사임에 유의!
enter into + 일 : enter into a business 사업을 시작하다 → 자동사임에 유의!

140 except for — ~을 제외하고(apart from, aside from)

- **Except for** the hotel, it was a wonderful holiday.
  호텔만 빼고 멋진 휴가였어.

탁쌤의 Tip except = except for 단, except는 문장 앞에 올 수 없음.

141 exert oneself — 노력하다, 애쓰다(strive)

- He has **exerted himself** on behalf of charity.
  그는 자선활동을 위해 노력했다.

142

face to face　　　얼굴을 맞대고, 만나서

- The two men stood **face to face** without a word.
  그 두 남자는 한 마디 말도 없이 얼굴을 맞대고 서있었다.

143

fade away　　　(서서히) 사라지다, 감소하다(die away)

- Finally, the laughter **faded away**.
  마침내 웃음이 잦아들었다.

144

fall victim[prey] to　　　~에 희생되다(be victimized)

- They **fell victim[prey] to** violence.
  그들은 폭력에 희생되었다.

탁쌤의 Tip **victim** 명) 희생자 / **prey** 명) 먹이

CHECK-UP TEST

1. He <u>strived</u> to move the audience to laughter.
   그는 청중을 웃기려고 애썼다.
   a. exerted oneself　　　b. enjoyed oneself

2. Don't <u>contemplate</u> a past event. 지난 일에 대해 오래 숙고하지 마라.
   a. dwell on　　　b. fall a victim to

3. I like this food ________ its strong smell.
   독한 냄새만 제외하고 그 음식을 좋아한다.
   a. except for　　　b. face to face

4. Old soldiers never die; they only ______.
   노병은 죽지 않는다, 다만 사라질 뿐이다.
   a. enter into　　　b. fade away

정답 1.a 2.a 3.a 4.b

145

far from ~ing

결코 ~아니다(by no means)

- **Far from** help**ing** the situation, you've just made it worse.

  그 상황을 도와준 것이 아니라 넌 그 일을 더 악화시켰어.

(기본 개념) ~하는 것에서 멀리 떨어져 : far 부) 멀리

146

feed on

~을 먹고 살다(subsist on)

- Owls **feed on** mice and other small animals.

  올빼미들은 쥐들과 다른 작은 동물들을 먹고 산다.

(탁쌤의 Tip) **feed**　타) ~에게 먹을 것을 주다 : feed a baby 아기에게 젖을 주

147

feel for

~에 동정하다(sympathize with)

- I **feel for** her, with no job and three children to feed.

  나는 직업도 없이 세 명의 아이들을 먹여 살려야 하는 그녀를 동정한다.

(기본 개념) ~에 대해 (똑같은) 감정을 느끼다 ⇒ 동정하다

148

feel at ease

편안함을 느끼다(feel comfortable)

- Nurses should make their patients **feel at ease**.

  간호사들을 환자들을 편안하게 느끼도록 해야 한다.

149

find fault with

~의 흠을 잡다, 비난하다(criticize, run down)

- Critics **found fault with** the film.

  비평가들이 그 영화를 비난했다.

150

find out

알아내다(get information of)

- I **found out** her secrets.　그녀의 비밀들을 알아냈다.

151

fire up

몹시 흥분시키다[화나게 하다](get carried away)

- It was alarming that she got so **fired up** about small things.
  그녀가 사소한 일들에 그렇게 열을 올렸다는 것이 놀라웠다.

탁쌤의 Tip 우리나라 말에도 '열을 올리다' 라는 말이 있지요?

152

first of all
to begin with

우선, 무엇보다(to start with)

- **First of all,**
  To begin with, welcome everyone to our party.
  우선 저희 파티에 오신 모든 분들을 환영합니다.

153

fish out

(어렵게) 찾아내다, 꺼내다(search out)

- Eric **fished** his sunglasses **out** of the suitcase.
  에릭은 여행 가방에서 선글라스를 꺼냈다.

기본 개념 (낚시로 물고기를) 건져내다 → (물건을) 찾아내다

CHECK-UP TEST

1. This sofa makes me <u>feel comfortable</u>.
   이 소파는 내가 편안함을 느끼게 해준다.
   a. feel for   b. feel at ease

2. My teather always <u>criticizes</u> my composition.
   그 선생님은 언제나 나의 작문의 흠을 잡는다.
   a. fires up   b. finds fault with

3. To begin with, ________ his password. 우선, 그의 비밀번호부터 알아내라.
   a. feed on   b. find out

4. He is <u>never</u> being late for school. 그는 결코 학교를 지각하지 않는다.
   a. first of all   b. far from

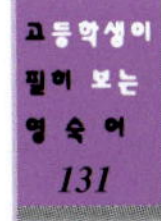

정답 1.b 2.b 3.b 4.b

154 fix up

(모임 · 날짜 등을) 정하다(arrange, nail down)

- I **fixed up** an interview with him.
  나는 그와 인터뷰 약속을 잡았다.

[기본 개념] 완전히 고정시키다: up 완전히

155 fool around

빈둥거리다(idle away)

- There's no time for **fooling around**.   빈둥거릴 시간이 없다.

[탁쌤의 Tip] 바보처럼 하는 일 없이 이리저리 왔다갔다 다니는 모습에서 유래

156 for a rainy day

어려울 때를 대비하여, 만약에 경우를 위해

- We should save money **for a rainy day**.
  어려울 때를 대비하여 돈을 저축해두어야 한다.

[탁쌤의 Tip] 비오는 날이란 비유적으로 어려울 때를 의미함

157 for a while

한 동안

- I haven't seen him **for a while**.   한 동안 그를 못 봤다.

[탁쌤의 Tip] while 명) 한 동안

[more] **for ages** 오랫동안(for a long time)
- Paul! I haven't seen you **for ages**.
  폴! 오랫동안 못 봤다.

158 for all

~에도 불구하고(despite, in spite of)

- **For all** his failure, he stood up again.
  실패에도 불구하고 그는 다시 일어났다.

159

for my part　　나로서는

- **For my part**, I feel elated and close to tear.
저로서는 감격스럽고 눈물이 날 지경입니다.

> 탁쌤의 Tip　**part** ① 부분, 부품 ② 역할 ③ (한 쪽) 편, 입장
> for his part 그로서는 / for her part 그녀로서는

160

for nothing　　① 공짜로(free of charge) ② 헛되이(in vain)

- I got this book **for nothing** from my friend.
난 친구에게서 이 책을 공짜로 얻었다.

- Our all effort went **for nothing**.
우리의 모든 노력이 헛되어졌다.

> 탁쌤의 Tip　① (얻는데 있어) 아무 것도 바꾼 것 없으면 → 공짜로
> ② (노력이) 아무 것도 바꾸어 낸 것이 없으면 → 헛되이 : for의 뜻은 '교환'

CHECK-UP TEST

1. Did you <u>arrange</u> your travel schedule? 네 여행 일정은 정했니?
   a. fix up　　　　　　　b. fish out

2. We drank beverages <u>free of charge</u>. 우리는 음료수를 공짜로 마셨다.
   a. for my part　　　　　b. for nothing

3. <u>Despite</u> the rain, the audience didn't leave.
   우천에도 불구하고, 관중들은 떠나질 않았다.
   a. For all　　　　　　　b. For sure

4. My cat usually __________ the fireplace.
   우리 고양이는 보통 난로 주변에서 빈둥거린다.
   a. feeds on　　　　　　b. fools around

정답 1.a 2.b 3.a 4.b

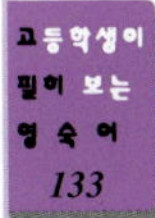

161

for oneself　　스스로, 자신이 직접(in person)

- Parents have to teach their children to think **for themselves**.

  부모들은 아이들이 스스로 생각하도록 가르쳐야한다.

(비교) **(all) by oneself**　혼자서(on one's own)
- I painted the house **all by myself**.

  난 혼자서 그 집을 페인트칠했다.

(탁쌤의 Tip)　**for oneself** (남이 시키지 않아도 자발적으로) 스스로(voluntarily)
　by oneself (어떤 일을 다른 사람의 도움 없이) 혼자서(alone)

162

for sure[certain]　　확실히(to be sure)

- You'll see him, he'll be there **for sure**.

  너 그 친구 만나게 될 거야. 그 친구 확실히 거기 올 거거든.

163

for the first time　　처음으로

- **For the first time** in her life she felt truly happy.

  인생에 있어서 처음으로 그녀는 진정한 행복을 느꼈다.

(비교) **at first**　처음에는
- I felt quite disappointed **at first**.

  처음에 난 상당히 실망스러웠다.

164

for the life of + 사람　　죽어도, 도저히

- I can't **for the life of me** understand him.

  난 도저히 그 사람을 이해할 수 없어.

(기본 개념) 자신의 목숨과 바꾼다 해도 : '교환'의 for

(비교) **for life**　평생 동안
- The accident scarred him **for life**.

  그 사고가 평생 동안 그에게 상처를 남겼다.

165

for the present — 당분간(for the time being)

- The meeting will be suspended **for the present**.
  그 모임은 당분간 중단될 것이다.

(more) **for the moment** 우선은, 당장은

166

for one's[dear] life — 필사적으로(desperately)

- He grasped the side of the boat and hung on **for his[dear] life**. 그는 배의 옆 부분을 붙잡았고 필사적으로 매달렸다.

167

for the most part — 대개, 대부분(in the main)

- **For the most part**, people seemed pretty friendly.
  대부분 사람들이 꽤 친절해 보였다

(동의 숙어) **in general, generally speaking, as a rule, on the whole, all in all, by and large**

CHECK-UP TEST

1. You'll see the most fantastic show <u>to be sure</u>.
   틀림없이 최고로 환상적인 쇼를 보게 될거야.
   a. for certain　　　　b. for a while

2. I cook ______ for the first time. 나는 처음으로 스스로 요리를 했다.
   a. for a rainy day　　　　b. for myself

3. The elevator will not work <u>for the time being</u>.
   엘리베이터는 당분간 작동을 안 할 것이다.
   a. for the present　　　　b. for the most part

4. She <u>desperately</u> jumped off a running car.
   그녀는 달리는 차에서 필사적으로 뛰어내렸다.
   a. for her sake of　　　　b. for her life

5. I can't ______ forgive such a cruel man.
   나는 그렇게 잔인한 사람을 도저히 용서할 수가 없다.
   a. for my life　　　　b. for the life of me

정답　1.a　2.b　3.a　4.b　5.b

168

for the purpose of　～을 위해(for the sake of)

- We have to lend money **for the purpose of** our business.　우리는 사업을 위해 돈을 빌려야 한다.

169

for the time (being)　당분간(for the present)

- You can stay here **for the time being,** until you find a place of your own.
  너희 집 구할 때까지 당분간 여기 있어도 돼.

  탁쌤의 Tip 회화에서 place는 장소가 아닌 집의 의미로 많이 쓰임

170

for the[one's] sake of　～을 위하여(for the good of)

- He moved to the seaside **for the sake of** his health.
  그는 건강을 위해 바닷가로 이사 갔다.

171

from scratch　처음부터, 아무것도 없이(without anything)

- We had to start again **from scratch**.
  우리는 처음부터 다시 시작해야했다.

  기본 개념 그어놓은 금(scratch)부터 → 처음부터

172

from time to time　가끔(occasionally, sometimes)

- These plants are easy to care for. They just need a little water **from time to time**.
  이 식물들은 키우기 쉬워요. 단지 가끔씩 약간의 물만 주면 됩니다.

  동의 숙어 **once in a while, now and then[again], at times, off and on**

173

gear up
준비하다(prepare)

- Factories are already **gearing up** to meet the Christmas rush.

  공장들은 이미 크리스마스 특수를 맞추도록 준비하고 있다.

  (기본 개념) 기계 장치(gear)를 다(up) 갖추어 놓다 → 준비하다

174

get carried away
몹시 흥분하다[화나다]

- I'm sorry shout so much. I think I **got** rather **carried away**.

  너무 크게 소리쳐서 미안해. 내가 좀 흥분했던 것 같아.

  (기본 개념) (감정이)분출하게 되다

175

get even with
~에 복수하다(revenge)

- What can I **get even with** him?

  그 놈한테 무엇으로 복수할 수 있을까?

  (기본 개념) (내가 당한 상황에서) ~와 똑같아지다 → 복수하다 : even 형)똑같은
  우리말의 '눈에는 눈, 이에는 이'와 비슷한 표현

CHECK-UP TEST

1. We encourage recycling <u>for the sake of</u> environmental conservation.
   환경 보존을 위해서 재활용을 권장한다.
   a. for the life of   b. for the purpose of

2. I built a web site __________.
   나는 웹사이트를 아무것도 없이 처음부터 개설하였다.
   a. from scratch   b. from time to time

3. Your success is the way to <u>revenge on</u> her.
   네가 성공하는 것이 그녀에게 복수하는 길이야.
   a. get the better of   b. get even with

4. Soldiers should lay down one's life __________ the fatherland.
   군인들은 조국을 위해 몸을 바쳐야한다.
   a. for the purpose of   b. for the sake of

정답 1.b 2.a 3.b 4.b

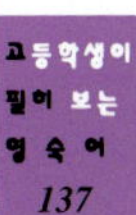

176 get in touch with

~와 연락하다(contact, get hold of)

- I'll **get in touch with** my lawyer.
  변호사에게 연락해야겠다.

비교 **keep in touch with** ~와 계속 연락하며 지내다

177 get lost

분실되다, 길을 잃다(lose one's way)

- Sorry we're so late. We **got lost**.
  너무 늦어서 죄송해요. 길을 잃었어요.

탁쌤의 Tip 주어가 사물이면 → 분실되다 / 사람이면 → 길을 잃다

178 get the better of

~을 이기다(win)

- My curiosity **got the better of** me and I opened the letter.
  호기심에 못 이겨 나는 그 편지를 열어보았다.

비교 **get the worst of** ~에게 지다(lose)

179 give + 사람 + a hand ~를 도와주다(help, assist)

- Can you **give me a hand** to lift this?
  이거 드는데 저 좀 도와주실래요?

탁쌤의 Tip 여기서 hand는 그냥 손이 아니라 **일손**!

180 give + 사람 + a ride[lift] ~를 (차에) 태워주다

- **Give** me **a ride** to the station. 나 그 역까지 태워다줘.

more **pick + 사람 + up** ~를 (차에) 태우다
  - I'll **pick** you **up** at the station.
    내가 그 역에서 널 태울게.

181

give birth to   ~을 낳다(produce)

- She **gave birth to** twins.   그녀는 쌍둥이를 낳았다.

〈'출산'에 관련 표현〉

expect a baby 임신 중이다
She's in labor (아기를 낳기 위해) 진통중이다
deliver a baby (의사가 아기를) 분만시키다
have a baby (아기를) 낳다, 출산하다

182

give rise to   ~을 일으키다(cause)

- The movie **gave rise to** nation-wide concern.
  그 영화는 전국적인 관심을 일으켰다.

183

give way to   ① 지다, 양보하다(yield to)
           ② ~로 대체되다(be replaced)

- She **gave way to** tears.   그녀는 울음을 터뜨렸다.
- Walkman **gave way to** MP3.   워크맨이 MP3로 대체되었다.

(기본 개념) ~에게 길을 내주다 → 지다, 양보하다

CHECK-UP TEST

1. He used to <u>contact</u> his ex-wife after divorce.
   그는 이혼한 후에도 전처에게 종종 연락하곤 했다.
   a. give birth to   b. get in touch with

2. That song's hit <u>caused</u> the remake boom.
   그 노래의 히트가 리메이크 붐을 일으켰다.
   a. geared up   b. gave rise to

3. Those children seem to __________. 저 아이들은 길을 잃은 것처럼 보인다.
   a. get lost   b. get carried away

4. They had no choice but to <u>yield to</u> force. 그들은 무력에 질 수 밖에 없었다.
   a. give vent to   b. give way to

정답 1.b 2.b 3.a 4.b

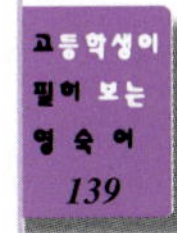

고필히 영숙어 PART 3 중요 숙어편(수능 숙어를 총망라한 견고한 책)

140

184 give vent to

(감정을) 분출하다(burst out)

- Children **give vent to** their anger in various ways.
아이들은 다양한 방식으로 자신들의 화를 분출한다.

`탁쌤의 Tip` **vent** 명) 배출구

185 go a long way

도움이 되다, 성공하다(succeed)

- With confidence, you'll **go a long way**.
자신감을 갖고 하면 넌 성공할거야.

`기본 개념` 먼 길을 가다 : 우리말의 '잘 나가다' 라는 말과 비슷한 표현이라고 생각하면 됩니다

186 go by the book

원칙대로 하다(do exactly according to rules)

- Police must **go by the book** when making arrests.
경찰은 체포할 때 원칙대로 해야 한다.

`기본 개념` 책에 나와 있는 대로 하다 : 우리말에도 '법대로 하다' 란 말이 있네요.

187 go from bad to worse

더욱 악화되다(become more aggravated)

- The relationship between them **went from bad to worse**. 그들 사이의 관계가 더욱 악화되었다.

`탁쌤의 Tip` bad(나쁜)에서 worse(더 나쁜)으로 가니까 **'더욱 악화되다'**

188 go mad

미치다(go crazy), **화내다**(get angry)

- I think I'll **go mad** if I have to be with him.
그 사람과 함께 있어야 된다면 미칠 것 같아.

`탁쌤의 Tip` mad에는 '미친, 화난' 둘 다의 의미가 있음

189

go[fall] to pieces 엉망이 되다(become spoiled)

- **The economy is going[falling] to pieces.**
  경제가 엉망이 되어가고 있다.

기본 개념 산산조각 나다 → (깨지거나 찢겨) 엉망이 되다

190

go to sea 선원이 되다

- **He went to sea when he was eighteen.**
  그는 18살 때 선원이 되었다.

기본 개념 바다로 가다 → 선원이 되다

191

go to town 활기를 띠다, 열심이다

- **Angela really went to town on buying things for her new house.**
  안젤라는 새 집에 물건들을 사는데 열심이었다.

탁쌤의 Tip town(시내)에 가면 사람들도 많고 활기 차 있죠? 그래서 활기를 띠다

CHECK-UP TEST

1. Her illness <u>became more aggravated</u>. 그녀의 병세가 더 악화되었다.
   a. went from bad to worse
   b. went a long way

2. A noise from next door makes me <u>go crazy</u>. 옆집의 소음이 날 미치게 한다.
   a. go mad
   b. go to pieces

3. He ___________ as he had wanted. 그는 원했던 대로 선원이 되었다.
   a. went to sea
   b. was all at sea

4. She _________ when she treats patients. 그녀는 환자를 다룰 때 원칙대로 한다.
   a. grows into
   b. goes by the book

정답 1.a 2.a 3.a 4.b

192 grow into

점점 자라 ~이 되다(become)

- He **grew into** a fine young man.
  그는 자라 훌륭한 젊은이가 되었다.

193 have an eye for

~에 대한 안목[감각]이 있다(have good taste in)

- She **has a** good **eye for** fashion.
  그녀는 옷에 대한 감각이 좋다.

194 have an influence on

~에 영향을 미치다(have an impact on)

- Steven Spielberg **had a** great **influence on** the development of the movies.
  스티븐 스필버그는 영화 발전에 큰 영향을 끼쳤다.

195 have a narrow escape

구사일생으로 살다(escape by the skin one's teeth)

- She **had a narrow escape** from the accident.
  그녀는 그 사고에서 구사일생으로 살아남았다.

> **기본 개념** 가까스로의(narrow) 탈출(escape)을 하다

196 have done with

~을 마치다(finish)

- I should **have done with** my homework.
  나 숙제를 끝내야해.

> **탁쌤의 Tip** 「have +p.p」현재완료 시제니까 (어떤 일을) 마치다

197 have no idea

모르다(not know)

- She **has no idea** where he's gone.
  그녀는 그가 어디로 갔는지 모른다.

198

have one's own way — (본인이) 하고 싶은 대로 하다

- **Don't let the children have their own way.**
  아이들을 하고 싶은 대로 놔두지 마세요.

기본 개념 자신의 길을 갖다 → 가고 싶은 길로만 가다

199

have a hard time (in) ~ing — ~하는데 어려움을 겪다(have difficulty (in) ~ing)

- **I have a hard time persuading her.**
  난 그녀를 설득하는데 어려움을 겪고 있다.

200

have something[nothing] to do with
~와 관계가 있다(be relevant to)

- **The problem has something to do with a computer.**
  그 문제는 컴퓨터와 관련있다.
- **The problem has nothing to do with acomputer.**
  그 문제는 컴퓨터와는 관련이 없다.

more **have much to do with** ~와 많은 관계가 있다
have little to do with ~와 별 관계가 없다

CHECK-UP TEST

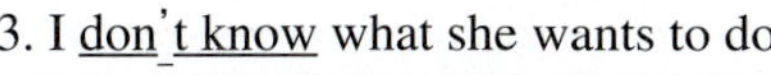

1. Environment <u>has an impact on</u> children's development.
   환경이 아이들의 발달에 영향을 미친다.
   a. helps yourself to   b. has an influence on

2. I <u>have finished</u> a spring cleaning. 나는 봄맞이 대청소를 마쳤다.
   a. have done with   b. have my own way

3. I <u>don't know</u> what she wants to do.
   나는 그녀가 뭘 하고 싶어 하는지 모른다.
   a. have a narrow escape   b. have no idea

4. She _________ the rumor. 그녀는 그 소문과는 관계가 없어.
   a. has nothing to do with   b. has a hard time in

정답 1.b 2.a 3.b 4.a

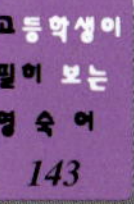

201
help yourself to
(음식을) 먹다(eat)

- Please **help yourself to** some cake. 케이크 좀 드세요.

탁쌤의 Tip 보통 음식을 내주며 권유할 때 쓰는 표현

more **gorge oneself on** ~을 실컷 먹다

202
hit (up)on
(갑자기 어떤 생각을) 떠올리다(come up with)

- At last we **hit upon** a way of getting Tom and Marcia to meet.

드디어 우리는 톰과 마르샤를 만나게 할 방법을 생각해냈다.

탁쌤의 Tip 우리나라 말에도 '(어떤 생각이) 뇌리를 **때리다**' 라는 말이 있죠?

203
hit the nail on the head
핵심[정곡]을 찌르다(You bet!!)

- "I think she's homesick." "You've **hit the nail on the head.**"

"그녀가 향수병인 것 같아." "니 말이 딱 맞다."

탁쌤의 Tip 못(nail)의 머리 부분(head)을 정확히 때려 벽에 박는 행위에서 유래!

204
hold good
유효하다(hold true)

- The rule still **holds good.** 그 규칙은 아직 유효하다.

탁쌤의 Tip **good** ① 좋은 ② 상당한 ③ **유효한** : 오래가는 것이 좋은 것이여

205
hold one's breath
숨을 참다

- **Hold your breath** and count to ten.

숨을 참고 열까지 세어 봐.

탁쌤의 Tip 여기서 hold의 뜻은 (못 움직이도록) 잡고 있다 → 억제하다

206

hold one's tongue 입을 다물다

- You should **hold your tongue**. 입 다물어야 해.

탁쌤의 Tip 여기서 hold의 뜻도 (못 움직이도록) 잡고 있다 → 억제하다

207

identify with ~와 공감[동정]하다(sympathize with)

- He **identified with** our distress.
  그는 우리의 고통을 공감했다.

탁쌤의 Tip **identify** 타) ~의 신원을 확인하다
- **identify** the suspect 그 용의자의 신원을 확인하다

208

idle away 빈둥거리다(fool around)

- They **idled** their time **away** in the pub.
  그들은 술집에서 빈둥거렸다.

탁쌤의 Tip **idle** 형) ① 게으른 ② 한가한 동) 빈둥거리다

CHECK-UP TEST

1. He _______ a good idea unexpectedly.
   그는 문득 좋은 아이디어가 떠올랐다.
   a. hit upon   b. had an eye for

2. Don't <u>fool around</u> in the house all day.
   하루 종일 집 안에서 빈둥거리지 마라.
   a. idle away   b. hit the nail on the head

3. _______ and jump into the water. 숨을 참고 물속으로 뛰어들어라.
   a. Hold your breath   b. Hold your tongue

4. I <u>sympathize with</u> you in your bereavement. 삼가조의를 표합니다.
   a. come up with   b. identify with

정답 1.a 2.a 3.a 4.b

209 ill at ease

불안한(nervous)

- You look **ill at ease** these days. 너 요즘 불안해 보인다.

210 in a sense

어떤 의미에서(in a way[manner])

- What he said is right **in a sense**.
  그가 말한 것이 어떤 의미에서는 맞다.

탁쌤의 Tip 여기서 sense는 '의미' 라는 뜻

211 in accordance with

～에 따라서(according to)

- We manufacture our products **in accordance with** law.
  우리는 법에 따라 우리의 제품들을 제조한다.

탁쌤의 Tip **accordance** 명) 일치

212 in addition to

～에 더하여(plus)

- We'll have to pay $500 travel insurance **in addition to** the air fare.
  우리는 항공료에 더하여 500달러의 여행 보험금을 지불해야 할 것이다.

213 in advance

미리, 먼저(beforehand)

- We won't deliver unless you pay **in advance**.
  먼저 결제하시지 않으면 배달해드릴 수 없습니다.

214 in ⌈ brief / short

간단히 말해서(to cut a long story short)

- **In short[brief]**, the report says that more money should be spent on education.
  간단히 말해서 그 보고서는 교육에 더 많은 돈을 써야한다고 말하고 있다.

215

in case — ~의 경우에 (대비하여)(in the event that)

- **You'd better take a sweater in case it gets cold.**
  날이 추워질지 모르니 스웨터를 가져가라.

> [탁쌤의 Tip] in case를 접속사로 이해!

216

in charge of — ~의 책임이 있는(with responsibility for)

- **Who is in charge of accounting?**
  회계 담당자가 누구예요?

take charge of — ~의 책임을 맡다(assume)

- **I took charge of accounting.**
  내가 회계에 대한 책임을 맡았다.

> [탁쌤의 Tip] **charge** 명) ① 짐 ② 요금 ③ 책임

CHECK-UP TEST

1. <u>According to</u> the rule, smoking is not permitted.
   규정에 따라, 흡연이 금지되어 있다.
   a. In accordance with　　b. Identity with

2. I got <u>nervous</u> when I was on the stage. 나는 무대에 올라갔을 때 긴장됐다.
   a. held good　　b. ill at ease

3. They offer an extra 10% discount __________ 20%.
   그들은 20%에 추가 10%를 더하여 할인해준다.
   a. in a sense　　b. in addition to

4. He decided to join the army <u>beforehand</u>.
   그는 먼저 입대하기 하기로 결심했다.
   a. in brief　　b. in advance

5. <u>In the event that</u> it rains, we will change the place.
   비가 올 경우, 우리는 장소를 바꿀 것이다.
   a. In case　　b. In short

정답 1.a 2.b 3.b 4.b 5.a

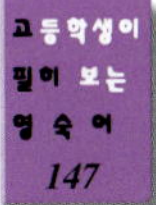

217

in consequence of ~의 결과로(as a result of)

- Three prisoners have been released **in consequence of** the new ruling.
  세 명의 죄수들이 새로운 판결의 결과 석방되었다.

218

in full bloom (꽃이) 만발하여(in full blossom)

- All sorts of flowers are **in full bloom**.
  온갖 종류의 꽃들이 만발해있다.

219

in effect ① (법이) 시행되어 ② 실제로, 사실상(in fact)

- The new law is already **in effect**.
  그 새로운 법은 이미 시행되고 있다.
- **In effect**, we'll be earning less than we were last year.
  사실상 우리는 지난해보다 수입이 줄게 될 것이다.

(more) **take effect = come into effect** 효력을 발휘하다
- The treaty **came into effect** in May 1997.
  그 조약은 1997년 5월 효력을 발휘했다.

220

in high spirits 기분이 몹시 좋아(excited and happy)

- He was **in high spirits** after passing the exam.
  그는 시험에 합격한 후 무척이나 기분 좋아했다.

(more) **in low spirits** 기가 죽은(depressed)

221

in honor of ~을 축하하여, 기념하여(in one's honor)

- The stadium was named **in honor of** the club's first chairman.
  그 경기장은 그 구단의 초대 단장을 기념하여 이름이 지어졌다.

222

in many respects 많은 면에서

in every respect 모든 면에서

- **In many respects** she takes after her mother.
  많은 면에서 그녀는 엄마를 닮았다.
- **In every respect** she takes after her mother.
  모든 면에서 그녀는 엄마를 닮았다.

> 탁쌤의 Tip 여기서 respect는 '~점(point), ~면(aspect)'의 뜻으로 쓰임

223

in no time 곧바로, 즉시(immediately)

- I'll be there **in no time**.   내가 즉시 그리로 갈게.

> 기본 개념 (중간에) 어떠한 시간도 없이 → 곧바로 : 여기서 in은 '~후에'의 뜻

> 동의 숙어 **at once, off hand, at short notice**

CHECK-UP TEST

1. I took charge of students <u>as a result of</u> the meeting.
   회의 결과 내가 학생들의 책임을 맡았다.
   a. in effect   b. in consequence of

2. He was __________ due to his buying a new car.
   그는 새 차를 사서 기분이 몹시 좋았다.
   a. in full bloom   b. in high spirits

3. Our family drank champagne __________ winning in the lottery.
   우리가족은 복권당첨을 축하하며 샴페인을 마셨다.
   a. in honor of   b. in case of

4. If we all work together, we'll finish it <u>in no time</u>.
   우리가 힘을 합친다면 그것을 금방 끝낼 것이다.
   a. immediately   b. accurately

정답 1.b 2.b 3.a 4.a

고필히 영숙어 **PART 3** 중요 숙어 편(수능 숙어를 총망라한 견고한 책)

150

224

in one's [company / presence]
~와 함께 있을 때(in the company[presence] with)

- I always feel very relaxed **in Nick's company**.
  닉이랑 함께 있으면 늘 마음이 아주 편해.

  (more) **in company** 여러 사람들과 함께 있을 때
  - Parents should teach their children how to behave **in company**.
    부모들은 아이들에게 여러 사람들과 함께 있을 때 어떻게 행동해야하는 지 가르쳐야한다.

225

in one's place
in the place of
~ 대신에(instead of)

- What would you drive [**in my place**? / **in the place of me**?]
  저 대신에 운전하실래요?

226

in person
직접, 몸소(personally, for oneself)

- You have to sign the form **in person**.
  그 문서에 직접 서명해야 합니다.

227

in practice
실제로(practically)

- **In practice** women receive much lower wages than men.
  실제로 여성들은 남성들보다 훨씬 더 적은 임금을 받는다.

228

in private
개인적으로, 남들 몰래(secretly)

- I need to speak to you **in private**.
  당신께 개인적으로 이야기 할 게 있는데요.

229

in public
공개적으로, 남들 앞에서(in company)

- Most people are nervous about speaking **in public**.
대부분의 사람들은 남들 앞에서 이야기할 때 긴장한다.

230

in proportion to
～에 비해, ～와 비교해 보았을 때

- Her feet are very small **in proportion to** her height.
그녀의 발은 키에 비해 아주 작다.

> **more**) **in proportion** 균형 잡힌
> **out of proportion** 균형이 안 맞는

231

in pursuit of
～을 찾아서, 추구하여(in search of)

- We'll go overseas **in pursuit of** work.
우리는 일을 찾아 해외로 갈 것이다.

CHECK-UP TEST

1. The Buddha left home <u>in search of</u> truth.
부처는 진리를 찾아 출가했다.
   a. in proportion to   b. in pursuit of

2. This system is <u>practically</u> useless. 이 제도는 실제로 쓸모가 없다.
   a. in private   b. in practice

3. You can participate in a game <u>instead of me</u>.
너는 나 대신에 경기에 참여할 수 있다.
   a. in my company   b. in my place

4. He was humiliated ________. 그는 공개적으로 망신을 당했다.
   a. in labor   b. in public

정답 1.b 2.b 3.b 4.b

232

in return (for)

(~에 대한) 보답으로(in exchange for)

- He is always helping people without expecting anything **in return**.

  그는 아무런 보답도 바라지 않고 늘 남들을 돕는다.

233

in search of

~을 찾아(looking for something)

- Mark ran away **in search of** the shelter.

  마크는 피신처를 찾아 도망쳤다.

  탁쌤의 Tip 「search for ~을 찾다」의 형태로도 많이 쓰임

234

in store for

(놀랄 일이) ~에게 닥친, ~를 위해 준비된(prepared for)

- There's a real treat **in store for** you this Christmas!

  이번 크리스마스에 너를 위해 준비해둔 특별 이벤트가 있어!

  탁쌤의 Tip **store** 명) ① 저장, 비축 ② 상점

235

in succession

연속해서(on end)

- She won the championship four times **in succession**.

  그녀는 4회 연속 우승했다.

  탁쌤의 Tip **succession** 명) 연속, 계속 / **success** 명) 성공

236

in terms of

~의 관점에서, 관련해서(in the light of)

- Women are still defined **in terms of** beauty.

  여성들은 여전히 미의 관점에서 정의된다.

  탁쌤의 Tip **term** ① 기간 ② 말, 용어 ③ (복수)조건, 관계

237

in the course of   (~하는) 동안, ~의 과정에서(during)

- **In the course of** her search she discovered some important new facts.
  조사 과정에서 그녀는 몇 가지 중요한 새로운 사실들을 발견했다.

238

in the end   결국, 마침내(at last, eventually)

- I didn't want to accept the offer but **in the end** I agreed.
  그 제안을 받아들이고 싶지 않았지만 결국 동의했다.

239

in the event of   ~에 대비하여(in case of)

- He left a will **in the event of** his death.
  그는 죽음에 대비하여 유언장을 남겼다.

CHECK-UP TEST

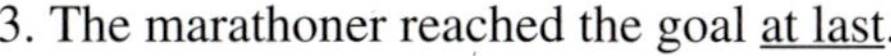

1. I gave him a gift <u>in exchange for</u> his good deed.
   나는 그의 선행에 대한 보답으로 선물을 주었다.
   a. in store for   b. in return for

2. He attempted to cheat <u>during</u> the exam.
   그는 시험을 치르는 동안 컨닝을 하려했다.
   a. in the event of   b. in the course of

3. The marathoner reached the goal <u>at last</u>.
   그 마라톤 선수는 마침내 결승점에 들어왔다.
   a. in the end   b. in succession

4. The village people went __________ the lost child.
   마을 사람들이 잃어버린 아이를 찾으러 나섰다.
   a. in terms of   b. in search of

정답 1.b 2.b 3.a 4.b

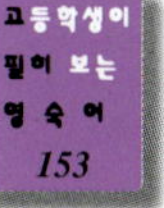

240

in the face of
~에 맞서, ~에도 불구하고(in the teeth of)

- She has shown extraordinary courage **in the face of** her disease.
  그는 자신의 병에 맞서 대단한 용기를 보여줬다.

기본 개념 ~에 얼굴을 들이 대고 → ~에 맞서

241

in the first place
첫째로, 우선(first of all)

- Why did you meet her **in the first place**?
  첫째로 당신 왜 그 여자랑 만났어?

more **in the second[third] place** 둘[셋]째로

242

in the light of
~로 비추어 볼 때, ~의 관점에서(in terms of)

- **In the light of** this evidence he must be a criminal.
  이러한 증거로 비추어 볼 때 그가 범인임에 틀림없다.

more **shed light on** ~을 밝히다(explain)

243

in the long run
결국(at last, in the end)

- Moving to America will be better for you **in the long run**.
  미국으로 이사 가는 것이 결국 너에게 좋을 거야.

244

in the open
야외에서(outdoors)

- In the summer, we'll camp **in the open**.
  여름에 우리는 야외에서 야영할 것이다.

탁쌤의 Tip **open** 명) 야외

245

in vain   헛되이(for nothing)

- His death would not be **in vain**.
  그의 죽음이 헛되지 않을 것이다.

246

in[by] turn   차례대로, 교대로(in rotation)

- Each of us **in turn** sang a song.
  우리는 각각 차례대로 노래를 불렀다.

  탁쌤의 Tip **turn** 명) 차례, 순서

247

in respect of
with respect to   ~에 대하여, 관하여(about)

- US foreign policy **in respect to** North Korea
  북한에 관한 미국의 외교 정책

  동의 숙어 **with[in] regard to, as regards, regarding, concerning**

CHECK-UP TEST

1. The firemen do their duty __________ danger.
   소방관들은 위험에 맞서 자신의 직분을 다한다.
   a. in terms of   b. in the face of

2. Obesity does harm one's health __________. 비만은 무엇보다 건강에 해롭다.
   a. in the first place   b. in search of

3. This problem is <u>about</u> human relationship.
   이 문제는 인간관계에 관한 것이다.
   a. in the light of   b. in respect of

4. We work <u>in rotation</u> on holiday. 우리는 휴일엔 교대로 근무한다.
   a. in the open   b. in turn

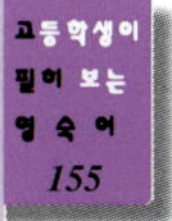

정답 1.b 2.a 3.b 4.b

248

in(to) the bargain　　게다가, 또한(besides, as well)

- I am now tired, cold, and hungry, with a headache **into the bargain**.

  나 피곤하고 춥고 배고프고 게다가 머리도 아파.

  (기본 개념) 거래 안에 포함시켜, 덤으로 : bargain 명) ① **협상, 거래**
  　　　　　　　　　　　　　　　　　　　　　　　② 저렴한 물건

249

in view of　　~을 볼 때, ~을 고려하여(in the light of)

- **In view of** his conduct, the school has decided to suspend him.

  그의 행동을 고려해 학교는 그를 정학시키기로 결정했다.

250

keep abreast of　　~에 뒤떨어지지 않다, 보조를 맞추다(keep up with)

- He **keeps abreast of** the times.

  그는 시대에 뒤떨어지지 않는다.

  (기본 개념) ~에 가슴을 나란히 하다 : 우리말의 '어깨를 나란히 하다' 와 같은 말

251

keep an eye on　　감시[주시]하다(keep close tabs on)

- I'm **keeping an eye on** the Korea economy.

  그나는 한국 경제를 주시하고 있다.

  (기본 개념) ~에 눈(시선)을 떼지 않다

252

keep[stay] clear of　　~을 멀리하다, 피하다(keep away from)

- **Keep[Stay] clear of** deep water.　깊은 물은 피해라.

  (탁쌤의 Tip) 여기서 clear는 부사로 떨어져(away)의 뜻

253

keep[stay] in contact with ~와 계속 연락하며 지내다(keep in touch with)

- I've **kept in contact with** my friends in my graduating class. 난 졸업반 친구들과 계속 연락하며 지냈다.

lost in touch[contact] with ~와 연락이 끊기다

- I **lost in touch with** Julie after we moved.
우리 집이 이사 간 후로 쥴리랑 연락이 끊겼다.

254

keep one's distance
keep somebody at a distance]~와 거리를 두다, 멀리하다(keep away from)

- **"Keep your distance!"** the woman shouted as the stranger approached.
"가까이 오지 마!" 낯선 사람이 다가오자 그 여자가 소리쳤다.

CHECK-UP TEST

1. Let's <u>keep up with</u> front-runners. 선두주자에 뒤쳐지지 말자.
   a. keep an eye on   b. keep abreast of

2. _______ the situation, the economy seems to be improving.
   상황을 볼 때, 경제는 나아지고 있는 것 같다.
   a. Into the bargain   b. In view of

3. I <u>keep away from</u> cats because of my allergy.
   나는 알레르기 때문에 고양이를 멀리한다.
   a. keep my distance   b. keep in contact with

4. He _____________ his siblings after the war.
   그는 전쟁 후 형제자매와 연락이 끊겼다.
   a. lost himself in   b. lost in touch with

정답 1.b 2.b 3.a 4.b

255

keep one's head — 침착을 유지하다(keep one's temper)

- Claire **kept her head** in every crisis.
클레어는 모든 위기에서 침착을 유지했다.

lose one's head — 이성을 잃다(lose one's temper)

- I've never seen my mother **lose her head**.
난 우리 엄마가 이성을 잃는 모습을 본 적이 없다.

> **탁쌤의 Tip** **head** 명) ① 머리 ② 이성, 침착

256

know better (than to + Ⓥ) — ~하지 않을 정도는 알고 있다, 어리석게 ~하지 않다

- She **knew better than to** argue with her sister.
그녀는 어리석게 동생과 다투지 않는다.

> **기본 개념** ~하는 것보다 더 많은 것을 알다 → 어리석게 ~하지 않다

257

lead a life — 삶을 살아가다, 생활을 하다

- Grandfather **led a** hard **life** to feed his family.
할아버지는 가족을 먹여 살리기 위해 힘든 삶을 사셨다.

258

lean on — ① ~을 의지하다(rely on) ② 협박하다, 압력을 가하다(threaten)

- The couple **lean on** each other.   그들은 서로를 의지한다.
- He **leaned on** me to pay back the money.
그는 돈을 갚으라고 협박했다.

> **탁쌤의 Tip** ① lean(기대다) + on 접촉 ⇒ 의지하다 / ② ~를 위에서 누르면 압력을 가하는 것

259

learn ~ by heart   ~을 암기하다(memorize)

- I've **learnt** the maxim **by heart**.   난 그 격언을 암기했다.

틱쌤의 Tip **learn** 타) ① 배우다 ② 알다 ③ **암기하다**

260

leave a lot[much] to be desired   미흡한 점이 많다(be very unsatisfactory)

- Inspectors say safety facilities in the school leave **a lot[much] to be desired**. 조사관들은 그 학교 내의 안전시설이 미흡한 점이 많다고 말한다.

기본 개념 (~되었으면 하고) 바라는 점을 많이 남기다

more **leave nothing to be desired** 더 이상 바랄 게 없다

CHECK-UP TEST

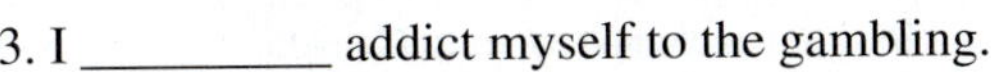

1. <u>Keep your temper</u> whatever happens.
   무슨 일이 일어나도 침착함을 유지해라.
   a. Lose your head   b. Keep your head

2. I _____ a poem _____ a day. 나는 하루에 시를 한편씩 외운다.
   a. learn - by heart   b. learn - by head

3. I _________ addict myself to the gambling.
   어리석게 도박에 빠지지 않을 정도는 알고 있다.
   a. stay clear of   b. know better than to

4. The parents <u>rely on</u> the eldest son.
   그 부모님들은 그들의 장남에게 의존한다.
   a. take on   b. count on

정답 1.b 2.a 3.b 4.b

261

leave no room for

~에 대한 여지가 없다(there is no room for)

- He **leaves no room for** success.
  그는 성공의 여지가 없다.

탁쌤의 Tip **room** ① 방 ② 공간, 여지

262

leave no stone unturned

온갖 수단을 다해보다(do everything)

- They **left no stone unturned** to find the child.
  그들은 그 아이를 찾기 위해 온갖 수단을 다해봤다.

기본 개념 (찾기 위해) 뒤집어 보지 않은 돌이 없다

263

line up

(한 줄로) 늘어서다, 정렬하다(queue up)

- People **lined up** to get concert tickets.
  사람들이 콘서트 표를 사기 위해 한 줄로 늘어섰다.

264

live from hand to mouth

하루 벌어 하루 살다(keep body and soul together)

- Our family has **lived from hand to mouth**.
  우리 가족은 하루 벌어 하루 먹고 살아왔다.

기본 개념 손에 있는 음식을 입으로 (톡 털어) 넣고 살다

265

long for

~을 갈망하다(aspire)

- I **long for** a chance to go to Canada.
  나는 캐나다에 갈 기회를 갈망하고 있다.

long to + ⓥ

~하기를 갈망하다

- I **long to see** her again. 그녀를 다시 만나기를 갈망한다.

탁쌤의 Tip **long** 자) 몹시 바라다, 원하다

266

lose face　　　체면을 잃다(↔ save one's face 체면을 유지하다)

- He doesn't want to **lose face** by doing that.
  그는 그런 일을 함으로써 체면을 잃고 싶지 않았다.

> **탁쌤의 Tip** 우리말의 '체면(體面)을 잃다'에서 면(面)도 바로 얼굴(face)입니다. 영어도 똑같죠?

267

lose heart　　　실망[낙심]하다(disappoint)

- We mustn't **lose heart** when people complain.
  사람들이 불평할 때 우리는 실망하지 말아야 한다.

> (more) **break one's heart** ~의 마음을 아프게 하다
> - I don't want to **break your heart**.
>   당신의 마음을 아프게 하고 싶지 않아요.

CHECK-UP TEST

1. I <u>was disappointed</u> because the amuse park was closed.
   놀이공원이 문 닫아서 실망했다.
   a. lost no time　　　　　b. lost heart

2. She <u>did everything</u> to lose weight.
   그녀는 몸무게를 감량하기 위해 모든 걸 다해보았다.
   a. left a lot to be desired　　b. left no stone unturned

3. The old man ＿＿＿＿＿＿ by collecting wastepaper.
   그 노인은 폐지를 모아 하루 벌어 하루 산다.
   a. lines up　　　　　b. live from hand to mouth

4. He ＿＿＿＿ by the bribery case. 그는 뇌물 수수 사건으로 체면을 잃었다.
   a. lost face　　　　　b. saved face

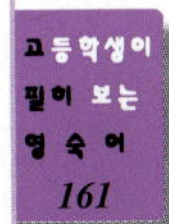

정답 1.b 2.b 3.b 4.a

268

lose no time in ~ing — 즉시 ~하다(do immediately)

- Francis **lost no time in** go**ing** out.
프란시스는 즉시 밖으로 나갔다.

기본개념 ~하는데 (중간에) 버리는 시간이 없다 → 즉시 하다

269

lose one's temper — 화내다(↔ keep one's temper 침착을 유지하다)

- I've never seen Johnson **lose his temper**.
난 존슨이 화내는 것을 본 적이 없다.

more **be in a temper** 화나 있는
- It's no use of talking to him when he's **in a temper**.
화나 있을 때 그에게 이야기해도 소용없다.

탁쌤의 Tip **temper** 명) (화를 잘 내는) 성격, 기질

270

lose sight of — ~을 (시야에서) 놓치다, 못보다

- Police followed the suspect but **lost sight of** him.
경찰들이 그 용의자를 뒤쫓았지만 그를 놓쳐버렸다.

271

major in — ~을 전공하다(specialize in)

- Diana **majored in** psychology at STANFORD.
다이아나는 스탠포드대학에서 심리학을 전공했다.

272

make a clean breast of — (잘못을) 솔직히 털어놓다(own up, come clean)

- I might as well **make a clean breast of** my mistake.
내 잘못을 솔직히 털어놓는 게 낫겠다.

기본 개념 순결한(clean)가슴을 만들다 → (답답하지 않게) 속 시원히 털어놓다

273

make[pull] a face 얼굴을 찡그리다, 인상 쓰다(make faces)

- Don't **make a face** like that. 그렇게 얼굴 찡그리지마.

> **탁쌤의 Tip** make a face는 원뜻 **표정을 만들다**에서 **얼굴을 찡그리다**로 발전된 의미

> **more** **make a long face** 시무룩한 얼굴을 하다
> - Why do you **make a long face**?
>   너 왜 시무룩한 얼굴을 하고 있니?

274

make a fool of ~을 바보로 만들다(pull one's leg)

- Don't **makes a fool of** me! 날 바보로 만들지 마!

275

make allowance(s) for ~을 참작[고려]하다(allow for, take into account)

- He always **make allowances for** error.
  그는 늘 오류를 고려한다.

> **탁쌤의 Tip** **allowance** ① 허락 ② 고려 ③ 용돈 : 용돈의 뜻도 함께 외우세요~

CHECK-UP TEST

1. She <u>took</u> the exception <u>into account</u>. 그녀는 예외를 고려했다.
   a. made allowance for   b. majored in

2. <u>Own up</u> your mistake, and I'll forgive you.
   네 잘못을 털어놓으렴. 그러면 용서해줄게.
   a. Make a fool of   b. Make a clean breast of

3. Soon I _________ him in the train.
   나는 곧 기차에 타고 있는 그를 시야에서 놓쳤다.
   a. lost sight of   b. lost my temper

정답 1.a 2.b 3.a

276
make believe
~인 체하다(pretend)

- The girl **makes believe** that she is a princess.
그 소녀는 자신이 공주인 척한다.

> **탁쌤의 Tip** 「make (other people) believe」 다른 사람들을 믿게 만들다 → ~인 체히

277
make (both) ends meet
수지를 맞추다, 빚 안지고 살아가다

- When Mike lost his job, we could barely **make ends meet**.
마이크가 일자리를 잃었을 때 우리는 간신히 빚 안지고 살아갈 수 있었다.

> **탁쌤의 Tip** (금전출납부의) 양쪽 끝(수입란과 지출란)을 맞추다 → 번만큼 쓰

278
make do with
~로 때우다

- I usually **make do with** a cup of coffee for breakfast.
나는 보통 커피 한 잔으로 아침을 때운다.

> **탁쌤의 Tip** 「make (목) do with」즉 make 뒤에 목적어가 빠진 형태로 make는 사역동사

279
make friends with
~와 친해지다(become friendly with)

- I managed to **make friends with** shy Jenny.
난 부끄럼을 잘 타는 제니와 어렵게 친해졌다.

> **기본 개념** ~를 친구로 만들다 → 친해지다

280
make fun of
~을 놀리다(pull one's leg)

- You mustn't **make fun of** the handicapped friend.
신체장애가 있는 그 친구를 절대 놀려서는 안 된다.

281
make head or tail of ~을 이해하다(understand)

- I just can't **make head or tail of** his explanation.
난 도저히 그의 설명을 이해할 수 없다.

탁쌤의 Tip 머리(head)가 뭔지 꼬리(tail)이 뭔지 만들어내다(알다)라는 것은 곧 전체를 이해하다

282
make much of   ~을 중시하다(regard)

- The press **made much of** the discovery.
언론은 그 발견을 중시했다.

make light[little] of ~을 경시하다(despise)

- The government **made light[little] of** the crisis.
정부는 그 위기를 경시했다.

CHECK-UP TEST

1. He <u>pretends</u> that he is an heir to a large fortune.
그는 많은 재산의 상속자인척 한다.
   a. makes a face   b. makes believe

2. We have difficulty in ______________ by recession.
불경기 때문에 수지를 맞추기도 어렵다.
   a. making ends meet   b. making allowance for

3. I told you not to <u>pull his leg</u>. 그 친구 놀리지 말라고 내가 말했을 텐데.
   a. make fun of him   b. make friends with him

4. I often __________ instant noodles for meal.
나는 종종 식사를 인스턴트 라면으로 때운다.
   a. make light of   b. make do with

정답 1.b 2.a 3.a 4.b

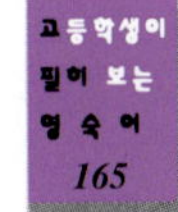

283

make no difference 중요하지 않다, 상관없다(be unimportant)

- Morning or afternoon. It **makes no difference** to me.
아침이든 오후든 전 상관없어요

284

make one's way 나아가다(proceed), 출세하다(succeed)

- The injured soldier managed to **make his way** to safety.
그 부상병은 안전한 곳으로 힘겹게 나아갔다.

탁쌤의 Tip '자신의 길을 만들어내다' 니 나아가고 출세할 수 밖에요..

more **have one's own way** 자기 하고 싶은 대로만 하다

285

make oneself at home 편안히 있다(be comfortable)

- Sit down and **make yourself at home**.
앉으셔서 마음 편히 계세요.

탁쌤의 Tip '당신 집처럼 편안히 계세요~' 라는 뜻

286

make up one's mind 결심하다(decide, determine)

- I **made up my mind** to go at once.
난 즉시 가기로 결심했다.

탁쌤의 Tip 우리말에 '마음먹다' 와 같은 의미

287

make sure 확인하다(ascertain)

- First, **make sure** the printer has enough paper in it.
우선, 프린터에 용지가 충분한지 확인하세요.

탁쌤의 Tip 「make sure of +명」, 「make sure that 절」 두 형태 모두 가능

288

make the most of   ~을 최대한 이용하다(make good use of)

- We **made the most of** little money.
  우리는 적은 돈을 최대한 이용했다.

289

manage to + ⓥ   어렵게[가까스로] ~하다

- I **managed to** pass the exam.
  난 어렵게 그 시험에 합격했다.

> 탁쌤의 Tip   manage의 원뜻이 '관리하다' 죠? 관리하는 일이 얼마나 어려운데요.

290

name after   ~을 따라 이름을 짓다

- The baby was **named after** his grandfather.
  그 아기의 이름은 할아버지의 이름을 따라 지어졌다.

> 탁쌤의 Tip   이 숙어는 위의 예문처럼 **수동태**로 쓰임.

CHECK-UP TEST

1. Race and age <u>are unimportant</u> in love.
   사랑에 있어서 인종과 나이는 중요하지 않다.
   a. make no difference   b. make ends meet

2. Please _______ to the exit. 출구로 나가주시기 바랍니다.
   a. make your way   b. make yourself at home

3. <u>Ascertain</u> that a printer has enough papers.
   프린터에 용지가 충분히 있는지 확인해라.
   a. Make sure   b. Make up mind

4. <u>Make good use of</u> your strong points. 너의 강점을 최대한 이용해라.
   a. Narrow down   b. Make the most of

정답 1.a 2.a 3.a 4.b

291 narrow down — (범위를) 좁혀나가다

- The police have **narrowed down** their list of suspects.
경찰은 용의자들의 명단을 좁혀나갔다.

292 next to — ~의 옆에(beside)

- The hotel was right **next to** the airport.
그 호텔은 공항 바로 옆에 있었다.

탁쌤의 Tip next to를 합쳐 하나의 전치사로 이해!

293 next to impossible — 거의 불가능한(almost impossible)

- This math problem is **next to impossible**.
이 수학 문제는 거의 풀 수가 없다.

탁쌤의 Tip 불가능 옆에 있으니까 '거의 불가능한'

294 next to nothing — 아주 조금(very little)

- He knows **next to nothing** about antiques.
그는 골동품에 대해 거의 아는 것이 없다.

기본 개념 아무 것도 없는 것(nothing)의 옆에
→ 아무 것도 없는 거나 다름없는

295 next door to — ~의 옆집에서

- He runs a restaurant **next door to** the theater.
그는 그 극장 옆에서 레스토랑을 운영한다.

more **door to door** 집집마다, 택배로
- We provide **door to door** service.
저희는 택배 서비스를 제공합니다.

296

not[quite] a few — 꽤 많은

- There have been **quite a few** accidents on this road.
  이 도로에서 꽤 많은 사고들이 있었다.

[탁쌤의 Tip] 우리말의 '적지 않은'과 같은 말

297

occur to + 사람 — (어떤 생각이) ~에게 들다, 떠오르다

- It suddenly **occurred to** me that I was wrong.
  내가 틀렸다는 생각이 불현듯 들었다.

298

of importance — 중요한(of account)

- The conservation of forest is **of** critical **importance**.
  숲의 보존은 대단히 중요하다.

[탁쌤의 Tip] important보다 of importance가 좀 더 무게감이 있는 말

CHECK-UP TEST

1. I have <u>very little</u> curiosity about horror movie.
   나는 공포 영화에 대한 호기심이 극히 적다.
   a. not a little   b. only a little

2. I want to live ___________ an entertainer. 연예인 옆집에 살아보고 싶다.
   a. next door to   b. door to door

3. To remove makeup clean is <u>of account</u>.
   화장을 깨끗이 지우는 것이 중요하다.
   a. of late   b. of importance

4. It _______ me that I didn't turn off the gas valve.
   내가 가스를 안 잠갔다는 게 생각났다.
   a. longed to   b. occurred to

정답 1.b 2.a 3.b 4.b

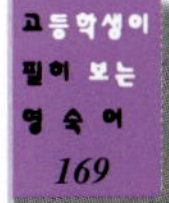

고필히 영숙어 PART **3** 중요 숙어 편 (수능 숙어를 총망라한 견고한 책)

170

299

of itself

저절로

■ The door opened **of itself**. 그 문이 저절로 열렸다.

300

of late

요즘, 최근에(lately, recently)

■ Birth rates have gone down **of late**. 출산율이 최근 떨어졌다.

탁쌤의 Tip of late를 부사구로 이해!

301

of necessity

필연적으로, 불가피하게(inevitably)

■ Many of the jobs are, **of necessity**, temporary.
많은 일자리들이 불가피하게 임시직이다.

302

of one's own accord

자발적으로(voluntarily)

■ He decided to do it **of his own accord**.
그는 자발적으로 그 일을 하기로 결정했다.

기본 개념 자기 마음의 일치로 → 자발적으로 : accord 명) 일치

303

of service

도움이 되는

■ Can I be **of** any **service**? 제가 좀 도와드릴까요?

탁쌤의 Tip 여기서 service는 도움이란 뜻

304

of the day

오늘의(today's)

■ This is the expression we have to learn **of the day**.
이것이 우리가 배워야 하는 오늘의 표현입니다.

탁쌤의 Tip of the day가 과거 시제와 쓰이면 '(과거의) 그날에' 가 됩니다.
■ She humiliated me **of the day**. 그녀가 그날 나에게 창피를 줬다

more **of the month** 이번 달의 / **of the year** 올해의

305

on a large[small] scale   대[소]규모로

- Drug crime is well-organized and **on a large scale**.

  마약 범죄는 잘 조직되어있고 대규모이다.

탁쌤의 Tip **scale** ① 크기, **규모** ② 비율

306

on account of   ~의 이유로(because of)

- We had to move to London **on account of** my job.

  내 일 때문에 우리는 런던으로 이사가야 했다.

on no account   결코 ~안 된다(never)

- **On no account** should you attempt this exercise if you're pregnant.

  만약 임신 중이라면 결코 이 운동을 해서는 안 됩니다.

탁쌤의 Tip 부정어 no가 문장 앞에 있으니까 조동사 should를 주어 앞으로 보내주는 센스! 앞에서 배웠죠? 뭐라고요? O.K~ 도치!

CHECK-UP TEST

1. Today I was absent from school <u>inevitably</u>.

   오늘은 불가피하게 결석을 하였다.
   a. of the day   b. of necessity

2. Quite a few people <u>voluntarily</u> applied for that work.

   꽤 많은 사람이 자발적으로 그 일에 신청했다.
   a. of their own accord   b. on a large scale

3. The computer was turned off ______. 컴퓨터가 저절로 꺼졌다.
   a. for itself   b. of itself

4. I was off today <u>because of</u> illness. 오늘은 아파서 직장에 빠졌다.
   a. on account of   b. on no account

정답 1.b 2.a 3.b 4.a

307

on average
평균적으로

- **On average**, men still earn more than women.
  평균적으로 남자들이 아직 여자들보다 더 많은 돈을 번다.

308

on and off
(이어졌다 끊겼다) 계속해서(continuously)

- Linda had been using drugs **on and off**.
  린다는 계속 마약을 복용해오고 있다.

탁쌤의 Tip off and on도 함께 쓰여요.

more **on and on** (끊김 없이) 계속해서(continually)

309

on[in] behalf of
① ~을 대신하여 ② 위하여(for)

- I'm acting **on behalf of** my boss.
  저는 사장님을 대신하여 일하고 있습니다.
- I would do anything **on behalf of** her.
  난 그녀를 위해 무언가를 할 것이다.

탁쌤의 Tip behalf는 '이익' 이란 뜻이지만 위의 숙어 형태로만 쓰임.

310

on duty
근무 중인, 당번의

- I'm **on duty** tonight.   나 오늘 밤 근무야.

off duty
비번의

- I'm **off duty** tomorrow   나 내일 근무 아니야.

311

on earth
in the world
도대체

- Who **on earth[in the world]** can live in such a dirty house?
  데체 누가 그렇게 더러운 집에서 살 수 있겠어?

기본 개념 어이없을 때 우리가 하는 말 '세상에!' 와 같네요.

312

on good terms with — ~와 좋은 관계에 있다 (have a good relationship with)

- I'm **on good terms with** her. 나 그녀와 사이 좋아.

탁쌤의 Tip **terms** 명) 조건, 관계

313

on hand — (필요할 때 쓸 수 있도록) 가까이 있는 (on tap)

- He is always **on hand** to help.
  그는 도움을 주기 위해 늘 가까이 있다.

(more) **at hand** 가까이 있는
- We have to caution this situation because a risk is **at hand**.
  위험이 가까이 있기 때문에 우리는 이 상황을 조심해야 한다.

CHECK-UP TEST

1. It is raining <u>continuously</u>. 비가 계속해서 오고 있다.
   a. on average   b. on and on

2. My guide dog for the blind is always ________.
   나의 맹인견은 언제나 가까이에 있다.
   a. in hand   b. at hand

3. He signed the contract __________ the president.
   그는 사장님을 대신하여 계약서에 서명했다.
   a. with regard to   b. on behalf of

4. Who is ________ now in the world? 대체 지금 누가 근무 중인거야?
   a. on duty   b. in duty

정답 1.b 2.b 3.b 4.a

고필히 영숙어 **PART 3** 중요 숙어 편 (수능 숙어를 총망라한 견고한 책)

174

314

on one's own — 혼자서(alone, by oneself)

- I've been living **on my own** for years.
  난 여러 해 동안 혼자서 살아왔다.

 **of one's own** 자신의
- We have problems **of our own**.
  우리는 우리 자신의 문제들을 갖고 있다.

315

on second thought — 다시 생각해보니

- **On second thought**, I was wrong.
  다시 생각해보니 내가 잘못했다.

316

on the alert — 경계[주의]하는(vigilant)

- Be **on the alert** for anyone acting suspiciously.
  수상하게 행동하는 사람이면 누구든 주의해.

탁쌤의 Tip **alert** 형) 경계하는 명) 경계

317

on the contrary — 반대로 〈문장 앞에 올 수 있음〉

- "You should go home." "**On the contrary**, I must stay here."
  "넌 집에 가야해." "반대로 난 여기 있어야해."

 **to the contrary** 반대의 〈주로 명사 뒤에 나옴〉
- evidence **to the contrary** 반대의 증거

318

on the spot — ① 그 자리에서, 현장에서 ② 그 즉시(immediately)

- Police arrested the criminal **on the spot**.
  경찰이 현장에서 그 범인을 체포했다.
- We had to make a decision **on the spot**.
  우리는 그 즉시 결정을 내려야했다.

탁쌤의 Tip '그 자리에서' 가 시간적으로는 곧 '그 즉시' 입니다.

319

once and for all   마지막으로(finally)

- Let's settle this problem **once and for all**.
  우리 마지막으로 이 문제 풀자.

기본 개념 (마지막으로) 딱 한 번 더

320

once more   다시 한 번(again)

- Thank you **once more** for your help.
  도움 주신 것에 대해 다시 한 번 감사드립니다.

321

once upon a time   옛날 옛적에

- "**Once upon a time**", my grandmother began, "there was a king in a country."
  "옛날 옛적에 한 나라에 왕이 있었어요." 우리 할머니가 (이야기를) 시작하셨다.

탁쌤의 Tip 보통 이 숙어는 옛날이야기를 시작할 때 쓰이곤 합니다.

CHECK-UP TEST

1. They are <u>vigilant</u> for strangers. 그들은 낯선 자들을 경계한다.
   a. on the alert   b. on second thought

2. I don't feel like having a dinner <u>alone</u>.
   난 혼자서 저녁 식사 하고 싶지 않아.
   a. once more   b. on my own

3. She covered a car accident ____________.
   그녀는 현장에서 자동차 사고를 취재했다.
   a. on the spot   b. on the contrary

4. "____________, there lived a beautiful princess."
   "옛날 옛적에, 아름다운 공주님이 살았어요."
   a. Once and for all   b. Once upon a time

정답 1.a 2.b 3.a 4.b

322

out of breath　숨이 찬

- I'm **out of breath**.　나 숨 차.

(비교) **under one's breath**　목소리를 낮춰

323

out of date　구식의(obsolete)

- This guide book is five years old, it must be very **out of date**.
  이 안내서는 5년이 지나 완전 구식이 되었다.

(기본 개념) 제 날짜에서 벗어난

324

out of line　선을 넘은, 도를 지나 친(exorbitant)

- The boss is very tough on anyone who steps **out of line**.
  그 사장님은 도를 치나 쳐 행동하는 사람에겐 아주 엄하셔.

(more) **in one's line** 잘 하는[관심 있는] 분야인 /
on the line 위험에 처해있는(at risk)

325

out of place　부적당한(unsuitable)

- That painting is **out of place** in this room.
  저 그림은 이 방에 어울리지 않는다.

(기본 개념) (본래 있어야할) 장소에서 벗어난

326

out of shape　건강이 안 좋은(↔ in shape 건강이 좋은)

- I'm totally **out of shape**.　나 건강이 아주 안 좋아.

(기본 개념) '(본래) 모양 → 건강한 상태' 에서 벗어난

327

out of sight　눈에 보이지 않는 곳에(↔ in sight ~이 보이는)

- out of sight, **out of mind**.
  눈에서 멀어지면 마음에서도 멀어진다.

(기본 개념) 시야 밖에 있는

328

out of the blue　갑작스럽게(suddenly, unexpectedly)

- The job had been offered to her **out of the blue**.
  그녀에게 갑자기 그 일에 대한 제의가 들어왔다.

(기본 개념) 이 숙어는 원래 out of the blue (sky)에서 sky가 **빠진 것**
　　　　　: 우리말의 **청천벽력, 마른하늘에 날벼락**과 비슷한 말!

CHECK-UP TEST

1. He ran so fast that he was ______________. 그는 너무 빨리 달려서 숨이 찼다.
   a. out of breath　　　b. under his breath

2. <u>Suddenly</u>, he stepped on the brake. 갑자기 그가 브레이크를 밟았다.
   a. Out of line　　　b. Out of the blue

3. Your dress is <u>unsuitable</u> in this holy place.
   네 옷차림은 이 성스러운 곳에선 적당하지 않다.
   a. out of sight　　　b. out of place

4. My laptop computer became already __________.
   내 노트북 컴퓨터는 벌써 구식이 되었다.
   a. out of date　　　b. in shape

정답 1.a 2.b 3.b 4.a

329

out of the question　　불가능한(impossible)

- The plan is **out of the question** because it costs too much.

  그 계획은 비용이 너무 많이 들기 때문에 불가능하다.

  (기본 개념) (한 번) 의심해 볼 필요도 없는

  (비교) **out of question**　확실한(certain)
  - His ability is **out of question**.

    그의 능력은 의심의 여지가 없다(확실하다).

    (기본 개념) 의심의 밖에 있는

330

own up　　(잘못을) 자백하다(confess)

- He **owned up** to his lie.　　그는 자신의 거짓말을 자백했다.

  (탁쌤의 Tip) **own** 동) 소유하다 : 잘못을 자기 것으로 소유하는 것은 곧
  인정[자백]하는 것

  (more) **come clean** (분명히 하다) → 자백[실토]하다
  - The government should **come clean** about its plans.

    정부는 정부의 계획들을 분명히 밝혀야한다.

331

part from　　~와 헤어지다(break up with)

- He has **parted from** his wife.　　그는 아내와 헤어졌다.

  (탁쌤의 Tip) **part** 명) 부분 동) (두 개로) 갈라지다, 분리되다

332

participate in　　~에 참여[참가]하다(take part in, go in for)

- I'd like to **participate in** the contest.

  난 그 콘테스트에 참여하고 싶다.

333

pay attention to　　~에 주의하다(attend to)

- You should **pay** more **attention to** your teacher.

  선생님께 좀 더 주의를 기울여야 한다.

334

persist in[with]   ~을 계속하다(keep on ~ing)

- She **persisted with** her studies in spite of financial problems.
  그녀는 경제적 어려움에도 불구하고 공부를 계속 해나갔다.

335

play a part[role]   역할을 하다

- He has **played a** big **part** in the company's recent success.
  그는 그 회사의 최근 성공에 큰 역할을 해왔다.

336

play it by ear   그때 상황 봐서 하다, 즉석으로 하다(improvise)

- We'll see what the weather's like and **play it by ear**.
  우린 날씨가 어떨지 봐서 그에 맞게 해나갈 것이다.

(기본 개념) 귀로 듣고 (바로) 그것을 연주하다 → 즉석으로 하다

CHECK-UP TEST

1. It is not <u>impossible</u> but just takes long time.
   불가능한 건 아니고 단지 시간이 오래 걸릴 뿐이다.
   a. out of the question   b. out of question

2. The murder suspect ________ last night.
   살인 용의자가 어젯밤에 자백하였다.
   a. owned up   b. lined up

3. She wanted to <u>take part in</u> a beauty contest.
   그녀는 미인대회에 참가하고 싶어 했다.
   a. participate in   b. persist in

4. <u>Attend to</u> what he is saying prior to taking note.
   필기하기 전에 그가 말하는 것에 주의를 기울여라.
   a. Part from   b. Pay attention to

정답 1.a 2.a 3.a 4.b

337

point of view
견해(perspective)

- I regard your **point of view**, but I don't agree with you.
당신의 견해를 존중하지만 동의하진 않습니다.

338

point out
지적하다, 짚어내다(indicate)

- The economist **pointed out** the crisis of the country.
그 경제학자는 그 나라의 위기를 지적했다.

339

presence of mind
침착(composure)

- His **presence of mind** prevented a serious accident.
그의 침착함이 심각한 사고를 막았다.

> **탁쌤의 Tip** 우리도 '정신없다' 라는 말을 쓰는 걸 보면,
> presence of mind(정신이 있는 상태) → **침착**

340

prior
previous] to
~이전에(before)

- The AIDS virus may not existed **prior[previous] to** the 1960s.
AIDS 바이러스는 1960년 이전엔 존재하지 않았다.

341

pull one's leg
~를 놀리다(kid)

- Don't **pull my leg**. You liar.   나 놀리지 마. 이 거짓말쟁이야.

> **탁쌤의 Tip** 옛날 소매치기가 지팡이로 행인의 다리를 걸어 넘어뜨리고 돈을
> 훔쳐간 것에서 유래. → 행인은 우수운 꼴이 됨

342

reflect on
숙고하다(brood over)

- He had time to **reflect on** his success and failure.
그는 성공과 실패를 숙고해보는 시간을 가졌다.

> **탁쌤의 Tip** **reflect** 타) 반사[반영]하다

343
rely on
~을 믿다, 의지하다(depend on)

- I **rely on** his judgement. 나는 그의 판단을 믿는다.

(기본 개념) rely(믿다) +on(접촉)

344
resort to
(마지막 수단으로) ~에 사용[의지]하다(look to)

- Officials fear that the demonstrators may **resort to** violence.

  정부 관리들은 그 시위운동자들이 폭력을 쓸 지도 모른다는 것을 우려하고 있다.

(탁쌤의 Tip) **resort** 명) ① 휴양지, 리조트 ② (최후의) 수단

CHECK-UP TEST

1. In my <u>perspective</u>, we had better negotiate.
   내 견해로 봤을 땐, 우리가 협상하는 것이 낫다.
   a. presence of mind   b. point of view

2. My father always ________ my table manners.
   아버지는 언제나 나의 식사 예절을 지적하신다.
   a. points out   b. improvises

3. I <u>brooded over</u> my words and actions. 내 언행을 숙고해보았다.
   a. reflected on   b. relied on

4. We _________ last measure. 우리는 최후의 수단을 사용하였다.
   a. resorted to   b. resorted on

정답 1.b 2.a 3.a 4.a

고필히 영숙어
PART 3
중요 숙어 편(수능 숙어를 총망라한 견고한 책)

345 rest on

① ~에 달려있다(depend on)
② ~을 근거로 하다(be based on)

- Success **rests on** effort.　성공은 노력에 달려있다.
- His theory **rests on** the result of the experiment.
  그의 이론은 그 실험 결과를 근거로 하고 있다.

(more) **rest with** + 사람 (권한이) ~에게 있다
- The final decision **rests with** the President.
  최종 결정은 대통령에게 있다.

346 right away[now]

바로 지금, 즉시(immediately)

- We need to deal with this problem **right away**.
  우리는 지금 당장 이 문제를 처리해야한다.

347 ring up

전화 걸다(call up)

- I **rang up** and made an appointment with him.
  난 전화를 걸어 그와 약속을 잡았다.

348 rise[move up] in the world

출세하다(make one's way)

- He's **risen in the world** in the last few years.
  그는 지난 몇 년간 출세했다.

탁쌤의 Tip 세상에 (우뚝) 서다

349 round up

체포[검거]하다(arrest, apprehend)

- After the crime, the police **rounded up** the criminals.
  범죄 이후 경찰이 범인들을 검거했다.

기본 개념 (범인들을) 동그랗게 모으다 → (범인들을) 일제히 검거하다

350

rule out
① 제외시키다(exclude)
② 불가능하게 하다(make it impossible)

- The police have **ruled out** suicide.   경찰은 자살은 배제했다.
- Severe weather conditions **ruled out** continuing the rescue operation.   심각한 날씨 상황으로 인해 구조 작업을 계속하는 것이 불가능했다.

(동의 숙어) '제외시키다' : **miss out, count out, leave out**

351

safe and sound
무사히(unharmed)

- The missing child was found **safe and sound**.
그 실종된 아이는 무사히 발견되었다.

(탁쌤의 Tip) **sound** 형) ① 건전한 ② **건강한, 튼튼한**

352

second hand
중고로

- I bought the car **second hand**.   나 그 차 중고로 샀어.

(탁쌤의 Tip) second-hand 라고 쓰면 '중고의'란 형용사가 됩니다.
a second-hand car = a used car 중고차

CHECK-UP TEST

1. This item was <u>excluded</u> from an agreement. 이 항목은 협정에서 제외되었다.
   a. ruled out   b. rested on

2. He will <u>make his way</u> unless he gets sick.
   그는 아프지 않는 한 출세할 것이다.
   a. pull his leg   b. rise in the world

3. I will _______ right away. 지금 당장 전화할게.
   a. ring up   b. round up

4. I bought the MP3 player __________. 나는 MP3 플레이어를 중고로 구입했다.
   a. secondhand   b. scores of

정답 1.a 2.b 3.a 4.a

353

second[next] to none 최고인(best)

- The studio's recording facilities are **second[next] to none**. 그 스튜디오의 녹음 시설은 최고다.

탁쌤의 Tip 2번째(2인자)가 없다는 뜻이니까 '**최고인**'

354

scores of 많은(many, numerous)

- **Scores of** victims were killed. 많은 희생자들이 죽었다.

탁쌤의 Tip **score** 명) ① 점수 ② (숫자) 20

more **dozens of** 수십 개의 : dozen 명) (숫자) 12
- She had **dozens of** boyfriends.
  그녀는 수십 명의 남자친구들을 사귀었다.

기본 개념 scores of가 dozens of보다 더 많은 개념!

355

screw up 망치다(spoil)

- Charlie **screwed up** our plan. 찰리가 우리의 계획을 망쳐 났다.

기본 개념 screw 명) 나사 : 나사를 위로 뽑다 → (기계 · 계획 등을) 망치다

356

send off (우편으로) 보내다, 발송하다(transmit)

- I **sent off** the letter this morning.
  제가 오늘 아침 편지를 보냈습니다.

more **send for** (요청에 의해) 보내다, 발송하다
- We'll **send for** your free sample today!
  저희가 오늘 당신의 무료 샘플을 보내드리겠습니다!
  (샘플 요청에 의해..)

357

set ~ free ~을 자유롭게 하다(liberate)

- All hostages were finally **set free**.
  모든 인질들이 결국 풀려났다.

358

share in   (기쁨·슬픔을) 함께 하다, 공유하다

- His daughters did not **share in** his happiness.
  그의 딸들은 그의 행복을 함께 나누지 않았다.

  (more) **share out** 나누다, 분배하다(divide)
  - After his death, his property was **shared out** between his sons.
    그가 죽은 후에 그의 재산은 아들들 사이에서 분배되었다.

359

shoot off   (급히) 떠나다(leave)

- Here comes the boss. I think you'd better **shoot off**.
  사장님이 이리로 오신다. 빨리 떠나야겠다.

  탁쌤의 Tip **shoot** 동) ① (총을) 쏘다 ② 빠르게 움직이다

CHECK-UP TEST

1. The taste of water is <u>best</u> in this area. 물맛은 이 지역이 최고다.
   a. safe and sound   b. second to none

2. The taxi <u>left</u> right before. 택시가 방금 전에 급히 떠났다.
   a. shot off   b. sent off

3. My dog <u>spoiled</u> my artwork. 우리 강아지가 내 미술작품을 망쳐 놨다.
   a. screwed up   b. shared in

4. Hope can ______ you ______. 희망은 너를 자유롭게 해줄 수 있다.
   a. set - free   b. put - free

정답 1.b 2.b 3.a 4.a

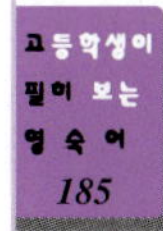

360

shoot up
급등하다(soar, go through the roof)

- The price of crude oil **shot up** overnight.
  하루밤새 원유가가 급등했다.

more **shoot down** (쏘아 내리다) → (비행기를) 격추시키다
- The enemy plane was **shot down** by our air force. 적기가 우리의 공군에 의해 격추되었다.

361

shut up
닥쳐!, 입 다물어!(hold your tongue)

- **Shut up**! You're giving me a headache!
  닥쳐! 너 때문에 머리가 아파!

기본 개념 (입을) 완전히 닫다 : up 다, 완전히

362

shut down
(문을) 닫다, 폐업하다(close down)

- Our local hardware shop has **shut down**.
  우리 동네의 철물점이 문을 닫았다.

탁쌤의 Tip 상점(store)의 문을 닫을 때 셔터(shutter)를 내리잖아요. 그것이 바로 shut down!

363

sit up
① (안자고) 앉아 있다
② 늦게까지 안자다 (stay up very late)

- She was **sitting up** in bed, reading a book.
  그녀는 책을 읽으면서 침대에 앉아 있었다.

- Sometimes we used to **sit up**, watching video.
  가끔씩 우리는 비디오를 보면서 늦게까지 안 자곤 했다.

364

so-called
소위 말해, 이른바(what we call)

- a summit of the world's seven leading nations, the **so-called** G-7... 세계 주요 7개국 정상, 이른바 G-7...

365

sooner or later 조만간(soon)

- **Sooner or later** you will have to find a new job.
  조만간 너 새로운 일자리를 찾아야 할 거야.

366

speak ill[well] of ~을 나쁘게[좋게] 말하다

- It's wrong to **speak ill of** the dead.
  죽은 사람들을 나쁘게 말하는 것은 좋지 않다.

- Her co-workers **speak well of** her.
  그녀의 동료들은 그녀를 좋게 말한다.

> **탁쌤의 Tip** 이 숙어에서 ill은 '**나쁘게**', well은 '**좋게**' 라는 부사

367

spring from ~에서 나오다, ~출신이다(derive from)

- behavior which **springs from** prejudices
  편견에서 나오는 행동

> **기본 개념** ~에서 튀어나오다

CHECK-UP TEST

1. Many mom-and-pop stores have <u>closed down</u>.
   많은 구멍가게들이 문을 닫았다.
   a. shut down　　　　　　b. sprang from

2. I <u>stayed up very late</u> to cram for an exam.
   나는 시험 벼락치기 공부하느라 늦게까지 안 잤다.
   a. stayed in　　　　　　b. sat up

3. __________, I'll move out to the suburbs. 나는 조만간 교외로 이사 갈 것이다.
   a. Sooner or later　　　　b. So-called

4. Don't __________ my stepmother. 내 새어머니를 나쁘게 말하지 마라.
   a. speak ill of　　　　　b. speak bad of

정답 1.a 2.b 3.a 4.a

고필히 영숙어 **PART 3** 중요 숙어 편(수능 숙어를 총망라한 견고한 책)

368

stay in

(나가지 않고 집에) 머무르다(↔ stay out 밖에 나가 있다)

- Do you **stay in** tonight? 너 오늘밤 집에 있을 거니?

기본 개념 ~안에 머무르다

369

step down

사임하다(resign, stand down)

- He was forced to **step down** from his post.
  그는 그의 직위에서 사임하도록 강요받았다.

기본 개념 (직위에서) 내려오다

370

stick out

튀어나오다(protrude)

- His eyes **stuck out**. 그 사람 눈이 튀어나왔다.

기본 개념 ~에 붙어 나와 있다

371

strange to say

이상한 이야기지만

- **Strange to say**, I thought of him as myself.
  이상한 이야기지만, 난 그가 내 자신이라고 생각했다.

372

sum up

합계를 내다, 요약하다(summarize)

- The last section of the report **sums up** his argument.
  그 보고서 마지막 부분에 그의 주장이 요약되어 있다.

틱쌤의 Tip up '다, 완전히' 뜻으로 강조부사

373

take a fancy to

~를 좋아하다(take to)

- Kevin's **taken a fancy to** my sister.
  케빈이 내 여동생을 좋아했다.

374

take a short cut　　지름길로 가다

- Let's **take a short cut**.　지름길로 가자.

(more) **take[make] a detour** 우회하다, 돌아가다

375

take + 사람 + by surprise 기습[급습]하다(attack unexpectedly)

- The enemy **took** us **by surprise** last night.
  어젯밤 적이 우리를 급습했다.

(기본 개념) ~를 갑자기 붙잡다 → 갑자기 공격하다

376

take it easy　　진정하다, 편하게 있다(take things easy)

- Just **take it easy** and tell us what happened.
  마음 편히 하고 무슨 일이 일어났는지 말해봐.

(탁쌤의 Tip) take it easy는 헤어질 때 '잘 가~' 정도의 의미로도 잘 쓰임

CHECK-UP TEST

1. <u>Summarize</u> what you learned in this class.
   이 수업에서 네가 배운 것을 요약해라.
   a. Step down　　　　b. Sum up

2. Strange to say, I <u>take to</u> a snake. 이상한 얘기지만, 나는 뱀을 좋아한다.
   a. take it easy　　　　b. take a fancy to

3. We ___________, so it took just 10 minutes.
   우리는 지름길로 가서 10분밖에 걸리지 않았다.
   a. took things easy　　　　b. took a short cut

4. The child ___________ her tongue. 그 아이는 혀를 내밀었다.
   a. took by surprise　　　　b. stuck out

정답 1.b 2.b 3.b 4.b

377

take leave of

~에 작별을 고하다(say goodbye)

- She **took leave of** us.　그녀는 우리에게 작별을 고했다.

378

take notice of

~을 알아차리다(perceive)

- She **took notice of** me in the distance.
  그녀는 멀리서 나를 알아봤다.

> **탁쌤의 Tip** **notice** 명) 주의, 주목

379

take one's time

(시간을 갖고) 천천히 하다(do slowly)

- I **took my time** to look around in the museum.
  나는 박물관 안을 시간을 갖고 천천히 둘러보았다.

> **기본 개념** 자신의 시간을 갖다 → 천천히 하다

380

take pride in

~에 자부심을 갖다(be proud of)

- Nancy **takes pride in** her appearance.
  낸시는 자신의 외모에 자부심을 갖고 있다.

381

take sides (with)

(~의) 편을 들다(take the side of)

- I don't mind you two arguing, but don't ask me to **take sides**.
  너희 둘 다투는 것에 신경 안 쓰지만 나한테 편 들어달라고 요구하진 마.

382

take the lead

주도권을 잡다

- The US **took the lead** in declaring war on terrorism.
  미국은 테러와의 전쟁에 있어 주도권을 잡았다.

> **탁쌤의 Tip** **lead** 동) 이끌다 명) 주도권

383

take the place of / take one's place
~을 대체하다(replace)

- I had to find someone to **take place of Simon**.
  = I had to find someone to **take Simon's place**.
  난 사이먼을 대체할만한 누군가를 찾아야 했다.

> **기본 개념** ~의 자리를 취하다 → 대신하다

384

ten to one
십중팔구(nine times out of ten)

- **Ten to one** he'll forget all about it tomorrow.
  십중팔구 그는 내일 일에 대해 모두 잊어버릴 거야.

385

tear down
파괴하다(destroy)

- Our historic buildings were **torn down** by the enemy.
  우리의 역사적인 건물들이 적에 의해 파괴되었다.

> **기본 개념** 갈기갈기 찢다 → 파괴하다 : tear[tɛəːr] 동) 찢다 / tear[tiəːr] 명) 눈물

CHECK-UP TEST

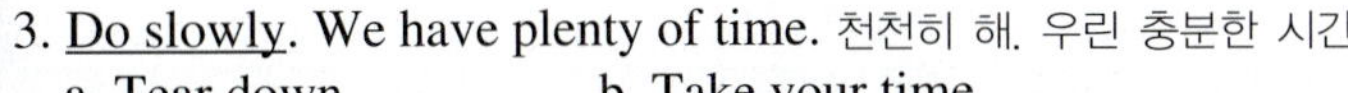

1. I didn't <u>perceive</u> his presence. 나는 그가 있는 것을 알아차리지 못했다.
   a. take leave of   b. take notice of

2. She <u>is proud of</u> herself. 그녀는 스스로에 대해 자부심을 가진다.
   a. takes pride in   b. takes the place of

3. <u>Do slowly</u>. We have plenty of time. 천천히 해. 우린 충분한 시간이 있어.
   a. Tear down   b. Take your time

4. ___________, this used car will be out of order soon.
   십중팔구 이 중고차는 곧 고장 날 것이다.
   a. Ten to one   b. One to ten

정답 1.b 2.a 3.b 4.a

386 thanks to

~덕택에(due to)

- The project was a great success **thanks to** your contribution.
그 프로젝트는 당신의 기여 덕분에 큰 성공을 거두었다.

(동의 숙어) **because of, on account of, owing to**

387 the other day

며칠 전에(a few days ago)

- I got an email from Sam **the other day**.
난 며칠 전 샘에게서 이메일을 받았다.

(more) **the day after tomorrow** 모레
the day before yesterday 그제

388 things like + ⓝ

~같은 것들, 예를 들어(for example)

- **Things like** glass, paper, and plastic can all be recycled.
유리, 종이, 플라스틱과 같은 것들은 모두 재활용될 수 있다.

(탁쌤의 Tip) **like** 전) ~처럼, ~와 같은

389 think much[highly] of

~을 중요하게 생각하다(think a lot of)

- I've always **thought much[highly] of** you.
나는 너를 늘 중요한 사람으로 생각해왔어.

390 think nothing of

~을 아무렇지도 않게 생각하다(think easily)

- Emily **thinks nothing of** preparing a meal for twenty people.
에밀리는 20명의 식사를 준비하는 일을 아무렇지도 않게 생각한다.

391

through thick and thin 온갖 어려움에도(in spite of any difficulties)

- The family stuck together **through thick and thin**.
  그 가족은 온갖 어려움에도 서로 붙어 의지했다.

  (기본 개념) 두꺼운(thick)은 '좋을 때'를 의미하고 얇은(thin)은
  '나쁠 때'를 의미.(둘 다 명사로 쓰임)

392

throw up 토하다(vomit)

- Someone **threw up** all over the bathroom floor.
  누군가 욕실 바닥 전체에 토해 났다.

  (탁쌤의 Tip) 삼킨(get down) 음식을 위로 던져내니(throw up) 토하다가 되지요.

393

tide over 극복하다(get over)

- We helped him **tide over** the crisis.
  우리는 그가 위기를 극복할 수 있도록 도와주었다.

  (기본 개념) 파도를 넘다 → 문제를 극복하다 : tide 명) 파도의 흐름, 조수

CHECK-UP TEST

1. My skin is as smooth as silk <u>due to</u> my mother.
   우리 엄마 덕택에 내 피부는 비단결처럼 부드럽다.
   a. because　　　　　　b. thanks to

2. I hate the people who get drunk and <u>vomit</u> on the street.
   나는 취해서 길에 구토하는 사람들을 싫어한다.
   a. throw up　　　　　　b. tide over

3. <u>In spite of any difficulties</u>, they didn't blame each other.
   온갖 어려움에도 그들은 서로 비난하지 않았다.
   a. Through thick and thin　　　b. To some extent

4. He <u>thought nothing of</u> his failing to the test.
   그는 검사에 불합격한 것을 아무렇지도 않게 생각하였다.
   a. considered　　　　　　b. ignored

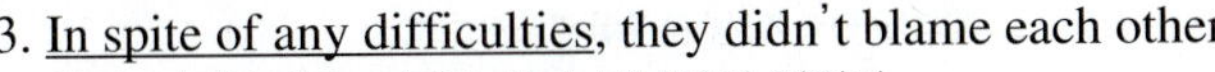

정답 1.b 2.a 3.a 4.b

394 tie up

① 묶다(fasten) ② 몹시 바쁘다(be very busy)
③ 방해하다(block)

- The burglar **tied** Kurt **up** and left him.
강도가 커트를 묶어두고 떠났다.

- I can't see you tomorrow - I'll be **tied up** all day.
내일 너 못 만나. 하루 종일 바쁠 거야.

- Protestors **tied up** traffic for five hours.
항의자들이 교통을 5시간 동안 막히게 했다.

(기본 개념) 완전히 묶어두다 → (일이 사람을 완전히 묶어두면) 몹시 바쁘다
→ (나아가는 진행을 완전히 묶어두면) 방해하다

395 tip off

(비밀) 정보를 주다(give (secret) information)

- The police had been **tipped off** about the gang's arrival.
그 갱단의 도착에 대한 정보가 경찰에 입수되었다.

(기본 개념) 비밀 정보(tip)를 (나에게서) 떨어뜨려(off) 상대에게 주다

396 to a degree / to some extent

어느 정도까지(to some degree)

- **To a degree**, it is possible to educate oneself.
어느 정도까지 독학하는 것은 가능하다.

397 to excess

지나치게(excessively)

- He usually drinks **to excess**.
그는 평소 지나치게 술을 마신다.

398 to the letter

글자 그대로, 엄격하게(by the book)

- You should follow this instructions **to the letter**.
여러분들은 이 지침들을 엄격하게 따라야합니다.

399

too good to be true — 더없이 좋은, 최고인(so good)

- Their relationship had always seemed **too good to be true**.
  그들의 관계는 늘 더없이 좋아보였다.

기본 개념 너무 좋아 현실이 될 수 없는 : too ~ to 구문이 사용된 숙어

400

trifle with — (사람을) 소홀히 대하다, 경시하다(despise)

- He was not someone to be **trifled with**.
  그분은 홀대받을 분이 아니었다.

탁쌤의 Tip **trifle** 명) 하찮은 일

401

true to life — 사실적인, 삶을 그대로 묘사한(realistic)

- The film is **true to life** and funny.
  그 영화는 사실적이면서도 재미있다.

CHECK-UP TEST

1. <u>Fasten</u> your shoes and make you ready. 신발 끈 묶고 준비해라.
   a. Tip off   b. Tie up

2. He sticks to the regulations <u>by the book</u>. 그는 규칙을 엄격하게 지킨다.
   a. to excess   b. to the letter

3. The weather is ______ lately. 요즘엔 날씨가 더없이 좋다.
   a. too good to be true   b. true to life

4. The man <u>trifled with</u> his health.
   그 남자는 자신의 건강을 대수롭지 않게 여겼다.
   a. despised   b. destroyed

정답 1.b 2.b 3.a 4.a

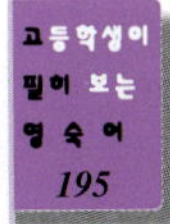

402
try on
(본인한테 맞는지) 입어[신어]보다

- Meg was **trying on** some sandals.
맥은 샌달 몇 켤레를 신어보고 있었다.

탁쌤의 Tip 이 숙어는 물건을 사기 전에 입어보거나 신어볼 때 쓰는 숙어

403
turn ~ to (good) account
~을 (잘) 활용하다(make (good) use of)

- She **turn** her talent **to good account**.
그녀는 자신의 재능을 잘 활용했다.

탁쌤의 Tip 여기서 account는 '이용' 의 뜻

404
turn over a new leaf
새로운 생활을 시작하다(begin a new life)

- I've done some bad things in the past, but now I'm **turning over a new leaf**.
과거에 난 몇몇 나쁜 짓들을 했지만 지금은 새로운 생활을 시작하고 있다.

기본 개념 (인생의) 새로운 장(leaf)으로 넘기다
: leaf(잎)는 책의 page(쪽)를 뜻함.
옛날 종이가 없던 시절엔 나뭇잎(파피루스)에 글씨를 썼던 데서 유래.

405
under construction
건설 중인(being built)

- The hotel is currently **under construction**.
그 호텔이 현재 건설 중이다.

more **under way** 진행 중인

406
under cover
몰래, 은밀하게(secretly)

- He was working **under cover** to get information on drug gangs.
그는 마약 밀매조직들에 대한 정보를 얻기 위해 은밀하게 일하고 있다.

기본 개념 ~ 아래에 덮혀

407

under one's breath　　낮은 목소리로(in a quite voice)

- He muttered to himself **under his breath**.
  그는 낮은 목소리로 혼자서 중얼거렸다.

408

under the circumstances　　현재 상황에서(given the situation)

- It's the best choice **under the circumstances**.
  현 상황에서 그것이 최선의 선택이다.

under no circumstances　　무슨 일이 있어도 ~안 된다

- **Under no circumstances** are you to go out.
  무슨 일이 있어도 나가면 안 돼.

  [탁쌤의 Tip] under no circumstance에서 no(부정어)가 앞에 있으니 동사 are는 도치됨.

CHECK-UP TEST

1. The skyscraper with over 160 stories is <u>being built</u>.
   160층이 넘는 초고층 빌딩이 건설 중이다.
   a. under cover　　　　b. under construction

2. He decided to <u>begin a new life</u> as a meditator.
   그는 명상가로서 새로운 인생을 시작하기로 결심했다.
   a. turn to good account　　b. turn over a new leaf

3. Can I ______ this jumper? 이 점퍼 입어볼 수 있나요?
   a. try on　　　　b. wear on

4. We talked <u>in a quite voice</u> in the church.
   우리는 교회 안에서 낮은 목소리로 얘기했다.
   a. under our breath　　b. under no circumstance

정답 1.b 2.b 3.a 4.a

고필히 영숙어 PART 3 중요 숙어 편 (수능 숙어를 총망라한 견고한 책)

198

409 upside down
거꾸로, 뒤죽박죽으로 (← 위에서 아래로)

- The little boat had turned **upside down** in the water.
  그 작은 배가 물속에서 거꾸로 뒤집혔다.

(more) **inside out** (옷 · 장갑 · 양말 따위를) 거꾸로
(← 안에서 밖으로)
- I put my socks on **inside out** by mistake.
  실수로 양말을 거꾸로 신었다.

410 use up
다 써버리다(exhaust)

- She's **used up** all the hot water. 그녀가 뜨거운 물을 다써버렸어.

탁쌤의 Tip up '다, 완전히' 뜻의 강조부사

411 walk out on + 사람
~를 버리다, 떠나다(dump)

- He **walked out on** his wife and children.
  그는 아내와 아이들을 버렸다.

412 wear out
① 닳다(wear away)
② 지치게 하다(exhaust, tire out)

- He played the tape again and again until it was
  worn out. 그는 닳을 때까지 그 테잎을 반복해서 틀었다.

- All this shopping has **worn us out**.
  이 모든 쇼핑이 우리를 지치게 했다.

탁쌤의 Tip **wear** ① 입다 ② **닳다** : 옷 오래 입으면 닳게 되죠? 자연스런 의미 변화!

413 weigh up
숙고하다(consider)

- We're **weighing up** the pros and cons of the issue.
  우리는 그 문제의 찬반양론을 숙고하고 있다.

탁쌤의 Tip **weigh** 동) ① 무게를 재다 ② 숙고하다
동의 숙어 **think over, reflect on, brood on, dwell on**

414

wide of the mark　　　예상을 빗나간(beside the point)

- The opinion polls were **wide of the mark**.
  그 여론 조사는 예상을 (완전히) 빗나갔다.

(more) **hit the mark** 적중하다
miss the mark 빗나가다

415

win over　　　설득시키다(persuade)

- The President has succeeded in **winning over** his critics.
  대통령은 그의 비평가들을 설득시키는데 성공했다.

(기본 개념) (논리적으로) 이기다

416

wind up　　　(모임을) 마무리하다, 끝내다(finish)

- I'd like to **wind up** the debate.　　이 토론을 마무리하고 싶습니다.

(기본 개념) (실타래에 실을) 다 감다 → (어떤 일을) 끝내다 : wind 동) 감다

CHECK-UP TEST

1. I <u>exhausted</u> my savings to buy a camera.
   나는 카메라를 사는데 저금을 다 써버렸다.
   a. laid up　　　　　b. used up

2. The salesman was good at <u>persuading</u> customers.
   그 영업사원은 고객들을 설득하는데 능숙했다.
   a. weighing up　　　　　b. winning over

3. Your toothbrush is __________. 네 칫솔이 닳았구나.
   a. worn out　　　　　b. walked out on

4. The weather forecast was __________ again. 일기예보가 또 예상을 빗나갔다.
   a. upside down　　　　　b. wide of the mark

정답 1.b 2.b 3.a 4.b

417

wipe off[up]　(먼지 등을) 닦아내다(sweep off)

- I **wiped** the paint **off** with my handkerchief.
  나는 손수건으로 그 그림을 닦아냈다.

418

wipe out　(완전히) 파괴하다(destroy)

- The entire village was **wiped out** by floods.
  마을 전체가 홍수로 파괴되었다.

탁쌤의 Tip 닦아 내다 → (건물 · 마을 등을) 완전히 없애버리다, 파괴하다

419

with[in] regard to　~에 관하여(regarding, as regards)

- the government's policy **with regard to** unemployment　실업에 관한 정부의 정책

탁쌤의 Tip **regard** 명) ① 존중 ② 주의, 고려

420

within a stone's throw　가까운 거리에(near)

- There is a subway station **within a stone's throw** of my place.
  우리 집에서 가까운 거리에 지하철역이 있다.

기본 개념 돌 하나 던질 거리 내에

421
wrap up — 마치다(finish, conclude)

- If you accept our price we can **wrap up** this deal.
  만약 귀하께서 저희의 가격을 받아들이시면 이 거래를 마무리 지을 수 있습니다.

(기본 개념) (종이나 옷으로) 다 싸다 → (어떤 일을) 끝내다 : wrap 동) 싸다

(more) **be wrapped up in** ~에 열중해있다(be absorbed in)

- She's totally **wrapped up** in her new baby.
  그녀는 갓난아기에 푹 빠져있다.

422
zero in on — ~에 초점을 맞추다(focus on)

- She immediately **zeroed in on** the weak point in his argument.
  그녀는 즉시 그의 주장 내의 약점에 초점을 맞추었다.

(기본 개념) (주의나 관심을) ~에 맞추다 : zero 동) (계기 바늘을) 0에 맞추다

CHECK-UP TEST

1. I had no idea <u>regarding</u> finance. 나는 재정에 관해서는 전혀 몰랐다.
   a. with regard to   b. within a stone's throw

2. Can you <u>finish</u> the project by Monday?
   월요일까지 그 프로젝트를 끝낼 수 있나요?
   a. wrap up   b. use up

3. She <u>swept</u> the dirt <u>off</u> the window. 그녀는 창가의 먼지를 닦아냈다.
   a. made - out   b. wiped - off

4. We __________ a humanitarian point of view.
   우리는 인도적 견지에 초점을 맞추었다.
   a. wound up   b. zeroed in on

정답 1.a 2.a 3.b 4.b

고필히 영숙어 PART4
비교급 숙어
어렵고 까다로운 비교급 숙어들을
한 곳에 모아서 공부하면 이해도 빠르고
나중에 찾아보기도 훨씬 쉽답니다.
탁쌤이 여러분들을 위해 준비한
또 하나의 선물.
이제껏 이렇게
쉽게 정리한 책은 없었습니다.

more — more가 many(수가 많은), much(양이 많은)의 비교급으로 '더 많은'의 뜻인 건 아시죠? 따라서 다른 것과 비교하기 위해서는 필연적으로 비교해주는 말(접속사)인 than과 함께 쓰이게 마련입니다. 다음 기본 비교구문부터 한 번 공부해볼까요?

고필히 영숙어 PART 4 — 비교급 숙어

204

1 more A than B   B보다 더 A하다 : 단순 비교

- Health is **more** important **than** something else.
  건강은 다른 어떤 것보다 중요하다.

2 much[far, a lot, even] more A than B   B보다 훨씬 더 A하다 : 비교급 강조

- You are **much more** friendly **than** I.
  당신이 저보다 훨씬 더 친절하시군요.

3 not ~ any more = no more   더 이상 ~하지 않다

- Susan does**n't** live here **any more**. = Susan lives here **no more**.
  수잔은 더 이상 여기 살지 않는다.

4 not[no] more than   단지(only), 겨우(at most)

- The discussion lasted on **no more than** 30 minutes.
  그 토론은 겨우 30분 지속되었다.

  (기본 개념) ~보다 많지 않은 : 얼마 안 된다는 것을 강조

5 no more A than B   A도 B처럼 ~하지 않다

- He's **no more** tall **than** I am!
  그도 나처럼 키가 크지 않아!

  (기본 개념) B보다 더 A하지 않다

6

the more A, the more[less] B — A하면 할수록 점점 더[덜] B하다

- **The more** I think about it, **the more[less]** I like the idea.
  그것에 대해 생각하면 할수록 난 점점 더 그 생각이 좋아진다.[좋아지지 않는다.]

7

more and more — 점점 더

- I found that I was sleeping **more and more**.
  나는 점점 더 잠이 많아지고 있다는 것을 알았다.

less and less — 점점 덜

- I found that I was sleeping **less and less**.
  나는 점점 더 잠이 줄어들고 있다는 것을 알았다.

8

much[still] more — ~은 말할 것도 없고 (to say nothing of)

- She can speaks English, **much more** Japanese.
  그녀는 일본어는 말할 것도 없고 영어도 할 수 있다.

  (기본 개념) 훨씬 더 긍정의 의미를 강조할 때 쓰임

CHECK-UP TEST

1. She is <u>only</u> 6 years old. 그녀는 겨우 6살이다.
   a. no more than
   b. much more than

2. The more you see him, ________ you will like him.
   그를 자주 보면 볼수록 더 좋아하게 될 것이다.
   a. the more
   b. and more

3. She lost her weight ____________. 그녀는 점점 더 몸무게가 빠졌다.
   a. more and more
   b. less and less

4. I take medicine ________. 나는 더 이상 약을 복용하지 않는다.
   a. any more
   b. no more

정답 1.a 2.a 3.a 4.b

9 more or less 거의(almost)

- My injured shoulder has been **more or less** cured.
  다친 어깨 거의 다 치료되었어.

---

less

less는 little의 비교급으로 수·양을 함께 포함하여 '더 적은'의 뜻입니다. 그러고 보니 more와 less는 정반대의 뜻이네요. more처럼 다른 것과 비교하기 위해서는 than과 함께 쓰이게 됩니다.

---

1 less A than B   B보다 덜 A하다 : 단순 비교

- The ticket was **less** expensive **than** I expected.
  그 티켓은 내가 예상했던 것보다 비싸지 않았다.

---

2 much[far, a lot, even] less A than B   B보다 훨씬 덜 A하다 : 비교급 강조

- The area **much less** developed **than** Seoul.
  그 지역은 서울보다 훨씬 덜 개발되었다.

---

3 no less than   ~만큼이나

- He has **no less than** three houses.
  그는 집을 세 채씩이나 갖고 있다.

기본 개념 ~보다 적지 않은 : 많다는 느낌을 강조할 때 쓰임

---

4 nothing less than   ~보다 덜하지 않은, 아주 ~한

- His appearance was **nothing less than** shocking.
  그의 외모는 아주 충격적이었다.

탁쌤의 Tip 얼마나 ~한 지를 강조할 때 쓰는 표현
more **nothing more than** ~에 지나지 않는

5

no[not] less A than B   B 못지않게 A하다

- He is **not less** handsome **than** his elder brother.
  그는 형 못지않게 잘생겼다. (그 = 그의 형)

기본 개념 A가 B보다 못하지 않다

탁쌤의 Tip B가 같음을 나타낼 때 쓰임

6

much[still] less   ~은 말할 것도 없고

- He can't afford to buy food, **much less** a car.
  그는 자동차는 말할 것도 없고 음식 살 돈도 없다.

기본 개념 '훨씬 덜' 부정의 의미를 강조

CHECK-UP TEST

1. I get <u>almost</u> the same grade. 나는 거의 같은 성적을 받는다.
   a. more or less   b. more than ever

2. She cannot count, <u>much less</u> add.
   그녀는 덧셈은 말할 것도 없고 숫자를 셀 수도 없다.
   a. still less   b. still more

3. Her life story is nothing ____ than dramatic.
   그녀의 일대기는 아주 극적이다.
   a. less   b. little

4. He is ______ tall than his father. 그는 아버지 못지않게 키가 크다.
   a. not less   b. far less

정답 1.a 2.a 3.a 4.a

much

much는 주로 셀 수 없는 명사 앞에서 '많은'의 의미를 줍니다. 예를 들어 much care(많은 주의), much trouble(많은 고생), much money(많은 돈)식으로 말이죠.

1

as much as ~만큼 / as much A as B B만큼의 A : A = B를 나타냄

- Just eat **as much as** you can.
  먹을 수 있을 만큼만 먹어.

- I hope you have **as much** fun **as** I did.
  내가 즐거웠던 만큼 너도 즐거웠으면 좋겠다.

2

not as[so] much A as B   B만큼 A가 많지 않다 : A 〈 B를 나타냄

- I do**n't** have **as[so] much** money **as** he does.
  난 그 사람만큼 돈이 많지 않다.(그의 돈이 더 많다.)

not as[so] many A as B   B만큼 A가 많지 않다 : A 〈 B를 나타냄

- I do**n't** get **as[so] many** holidays as the teachers.
  난 선생님들처럼 휴가가 많지 않아.

탁쌤의 Tip 수를 셀 수 있는 명사 에는 many!

3

not as[so] much as   ~만큼은 아닌

- The cost was**n't as[so] much as** I expected.
  그 가격은 내가 예상했던 것만큼은 아니었다.(내가 예상했던 것보단 더 쌌다.)

4

not much of a + ⓝ   ~까지는 아니다

- I'm **not much of a** dancer, I just like to dance.
  댄서까지는 아니구요, 단지 춤추는 걸 좋아해요.

부정어 no와 함께 쓰이는 비교급

1

no better than ~보다 낫지 않은, ~나 다름없는(→A=B)

- His ability is **no better than** mine.
  그의 능력은 나보다 낮지 않다.

2

no[not any] longer 더 이상 ~하지 않다

- It's **no longer** a secret. = It's **not** a secret **any more**.
  그것은 더 이상 비밀이 아니다.

3

no sooner A than B A 하자마자 B 하다

- **No sooner** had I come to **than** the phone rang.
  도착하자마자 전화가 울렸다.

틱쌤의 Tip 부정어 no가 문장 맨 앞에 있으니 조동사(had)를 주어 앞으로 보내주는 센스! → 도치

CHECK-UP TEST

1. Take __________ you like. 원하는 만큼 가져가세요.
   a. as much as   b. much less

2. I don't have as ______ time as you have. 나는 너만큼 시간이 많지 않아.
   a. much   b. many

3. Her cooking is ______ mine. 그녀의 요리솜씨는 나보다 낮지 않다.
   a. no sooner than   b. no better than

4. I'm not a student ________. 나는 더 이상 학생이 아니다.
   a. no longer   b. any more

정답 1.a 2.a 3.b 4.b

구문숙어 문장에서 관용적으로 고정되어 쓰이는 여러 형태의 구문 숙어들 만을 일목요연하게 정리했습니다.

고필히 영숙어
PART 4

구문 숙어

1

as ever   여느 때처럼, 전과 다름없이(always)

- **As ever**, Joe was late.
  전과 다름없이 죠는 늦었다.

2

as follows   다음과 같이(for example, such as)

- The three elements are **as follows**: economy, efficiency, and effectiveness.
  세 가지 기본 요소들은 다음과 같습니다. 경제, 효율성 그리고 효과.

탁쌤의 Tip 예를 들 때 쓰는 표현임

3

as far as   ~까지

- They manage to get **as far as** the border area.
  그들은 어렵게 국경 지역까지 도달했다.

4

as[so] far as I'm concerned   내가 관련되어 있는 한은

- **As far as I'm concerned** you can do whatever you want.
  내가 관련되어 있는 한 당신은 당신이 원하는 것을 할 수 있어요.

5

as[so] far as I know[remember]   내가 아는[기억하는] 한은

- There weren't any buildings there, **as far as** I can **remember**.
  내가 기억하는 한 거기엔 어떠한 건물들도 없었어요.

6

as long as ~하는 한, ~하는 동안은

- **As long as** you love me, I'm always happy.
  당신이 날 사랑해주는 한 난 늘 행복해요.

7

as good as ~나 다름없는(almost)

- The job is **as good as** done.
  그 일은 다 된 거나 다름없다.

(기본 개념) ~만큼 좋은

8

as it were ⎤
so to speak ⎦ 말하자면

- Jim became our idol, **as it were**, the man we all wanted to be.
  짐은 우리의 우상이 되었다. 말하자면, 그는 우리 모두가 (그처럼)되고 싶은 남자다.

CHECK-UP TEST

1.________, she overslept in this morning.
  여느 때처럼, 오늘 아침 그녀는 늦잠을 잤다.
  a. At ever   b. As ever

2. <u>So to speak</u>, this is a psychological warfare. 말하자면, 이것은 심리전이다.
  a. As far as   b. As it were

3. This oven is _________ new. 이 오븐은 새 것이나 다름없다.
  a. as good as   b. as long as

4. _____________, he was very shy. 내가 아는 한, 그 사람은 매우 소심했다.
  a. As far as I'm concerned   b. As far as I know

정답 1.b 2.b 3.a 4.b

9

as many   같은 수의

- She learned three languages so that she can speak **as many**.
  그녀는 3개 국어를 배웠고 그 3개 국어를 말할 수 있다.

as much   같은 양의

- She earns a lot of money and spends **as much**.
  그녀는 많은 돈을 벌고 그만큼 쓴다.

10

cannot ~ too   아무리 ~해도 지나치지 않다

- You **cannot** be **too** careful in taking an exam.
  시험을 치르는데 있어 아무리 조심해도 지나치지 않는다.

11

be worth + ⓝ   ~의 가치가 있다 (전치사적 형용사)

- The house **is worth** $50,000.
  그 집은 5만달러의 가치가 있다.

탁쌤의 Tip   a [**worthy** / **worthwhile**] + 명 : 가치 있는 무엇 (한정 형용사)
  - a **worthy[worthwhile]** job   가치 있는 일

12

be worth ~ing
be worthy of ~ing   ~할 가치가 있다(be good for)
be worthwhile to + ⓥ

- The film **is worth** seeing.
  The film **is worthy of** seeing.   그 영화는 볼만한 가치가 있다.
  The film **is worthwhile to** see.

13

but for   ~이 없었더라면(without) : 가정법 표현

- We'd be at the top of the mountain now **but for** this awful weather.
  나쁜 날씨만 아니었더라면 우린 지금 산 정상에 있을 텐데...

but that   만일 ~가 아니라면(if ~ not) : 가정법 표현

- She would go to university **but that** she is poor.
  가난하지만 않았다면 그녀는 대학에 갔었을 텐데...

틱쌤의 Tip but for +명 / but that +절 : but은 접속사로 ~을 제외하고의 뜻

14

come what may   어떤 일이 일어나건

- We'll be there to meet you at the airport, **come what may**.
  우리가 무슨 일 있어도 공항에 마중 나갈게.

CHECK-UP TEST

1. She has three twins and buys _______ clothes.
   그녀는 세쌍둥이가 있고 같은 수의 옷을 산다.
   a. as many   b. as much

2. We'd be wet to the skin <u>without</u> umbrella.
   우산이 없었더라면, 흠뻑 젖었을 거야.
   a. but for   b. but that

3. The book is <u>worth reading</u>. 그 책은 읽을 만한 가치가 있다.
   a. worthy of reading   b. worthy reading

4. You _______ praise him _____ much.
   너는 그를 아무리 칭찬해도 지나치지 않다.
   a. cannot - as   b. cannot - too

정답 1.a 2.a 3.a 4.b

15

even if[though]   비록 ~이긴 하지만(although)

- He's going to buy the farm **even if** they raise the price.
그들이 값을 올린다 해도 그는 그 농장을 사려고 한다.

(more) **even when** ~일 때 조차도

16

ever since   ~한 이후로 죽(continuously since)

- My ankle has been bad **ever since** I fell and hurt it last year.
작년에 넘어져서 다친 이후로 죽 발목이 안 좋아.

탁쌤의 Tip since(~한 이래로)를 강조하기 위해 ever(죽~, 계속)이 붙은 형태

17

for all I know   아마도(perhaps)

- I don't know where she is. She may have gone to America, **for all I know**.
그녀가 어디 있는지 난 몰라. 아마도 미국으로 갔을 거야.

탁쌤의 Tip 회화에서 쓰는 구어체 표현

18

for fear (that)   ~할 것이 두려워서

- She ran away **for fear** that he would attack her.
그녀는 그가 자신을 해칠지 모른다는 두려움에 도망쳤다.

탁쌤의 Tip 「for fear of +명」형태도 많이 씀 : for fear of reprisal 보복이 두려워서

19

If it were not for   만일 ~이 없다면(→ 가정법 과거 : 현재 사실의 반대)

- He'd be playing in this game **if it weren't for** his injury.
부상이 아니었더라면 그는 이 경기에 뛰고 있었을 텐데..
(그는 부상 때문에 이 경기에 뛰지 못하고 있다.)

If it had not been for   만일 ~이 없었다면(→ 가정법 과거완료 : 과거 사실의 반대)

- He'd have been playing in the game **if it hadn't been for** his injury.
부상이 아니었더라면 그 경기에 뛰었을 텐데..
(그는 (경기가 열리기 이전의) 부상 때문에 그 경기에 뛰지 못했다.)

20

in that   ~이 있어, ~때문에(because, now that)

- **I'm always happy in that I've got a family.**
  가족이 있어 난 늘 행복하다.

  기본 개념 ~라는 것 안에서 → ~ 때문에

21

It is no use (of) ~ing   ~해봤자 소용없다(There is no use ~ing)

- **It is no use crying.**   울어봤자 소용없다.

22

It is not until ~ (that)   ~되어서야 ~하다

- **It was not until 1972 that the war finally came to an end.**
  1972년이 되어서야 결국 그 전쟁이 끝났다.

  기본 개념 ~될 때까지 ~하지 않다

CHECK-UP TEST

1. <u>Although</u> she's never been abroad, she is a fluent English speaker.
   그녀는 외국에 가본적도 없지만 영어 능통자이다.
   a. Even though   b. Ever since

2. I'd have been lonely here, if it ___________ for you.
   네가 없었다면 난 여기서 외로웠을 거야.
   a. were not   b. had not been

3. It is ___________ over spilt milk.
   한 번 엎질러진 물은 다시 담을 수 없다(울어봤자 소용없다).
   a. worth crying   b. no use crying

4. ___________ 1990's that the internet came into wide use.
   인터넷은 1990년대가 되어서야 보급되었다.
   a. It was not until   b. It goes without saying

정답 1.a 2.b 3.b 4.a

23

It goes without saying (that)　~하는 것은 말할 필요도 없다(It's a matter of course)

- The Internet, **it goes without saying**, is a good source of information.
인터넷은 말할 필요도 없이 좋은 정보원이다.

24

lest ~ should　~하지 않도록(for fear that)

- He ran fast **lest** they **should** follow him.
그들이 쫓아오지 못하도록 그는 빨리 달렸다.

[탁쌤의 Tip] lest는 less that의 줄임말이므로 '~것이 덜 일어나도록'에서 발전된 말

25

make a point of -ing
make it a rule to + ⓥ　]　습관적으로 ~하다

- I **make a point of** arriv**ing** 15 minutes early at the work.
= I **make it a rule to** arrive
나는 직장에 15분 일찍 도착하는 것을 습관으로 하고 있다.

26

may[might] well　(아마도) ~일거다

- Wages **may well** fall to low levels over the next year.
임금이 내년 중에 낮은 수준으로 떨어질 것 같다.

may[might] as well　~하는 편이 낫겠다

- It's too late to go to the movies so we **may as well** watch TV.
영화 보러 가기엔 너무 늦었으니까 우리 그냥 TV를 보는 게 낫겠다.

may[might] as well A as B　A하는 게 B하는 것보다 낫겠다

- We **may as well** watch TV **as** go to the movie.
영화 보러가는 것 보다 TV보는 게 낫겠다.

[탁쌤의 Tip] may well 자체를 조동사로 이해! 바로 뒤엔 동사 원형.

27

more often than not   보통, 대개(as often as not, usually)

- **More often than not** the train is late.
  그 기차는 대개 늦는다.

28

never[cannot] fail to + Ⓥ   반드시 ~하다

- My grandson **never fail to** phone me my birthday.
  내 손자는 내 생일에 꼭 전화를 건다.

29

never ~ without -ing   ~하면 반드시 ~한다

- I **never** see this picture **without** think**ing** of my mother.
  이 사진을 보면 꼭 우리 엄마가 생각나.

CHECK-UP TEST

1. I <u>make a point of conforming</u> cell-phone text messages.
   나는 습관적으로 휴대폰 문자를 확인한다.
   a. make it a rule of conforming   b. make it a rule to conform

2. We kept quiet ____ we ____ wake the baby.
   우리는 아기를 깨우지 않도록 조용히 했다.
   a. lest - should   b. lest - should not

3. I <u>usually</u> spend one hour putting on my makeup.
   나는 대개 화장하는데 한 시간이 걸린다.
   a. once in a while   b. more often than not

4. You <u>may as well</u> set a clock ahead. 시계를 빠르게 맞추는 게 낫겠다.
   a. quite better   b. had better

5. He ____ opens his lips ____ speaking ill of others.
   그는 입만 열면 남의 욕을 한다.
   a. never - without   b. never - fail to

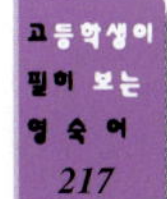

정답 1.b 2.a 3.b 4.b 5.a

30

not to say　　~라고 말 할 정도는 아니다

- The information is inadequate, **not to say** misleading.
  그 정보는 불충분하지 현혹시킨다고 말 할 정도는 아니다.

31

no matter + 의문사　　아무리 ~해도

- I can't win, **no matter how** hard I try.
  아무리 열심히 한다 해도 난 이길 수 없다.

> **more** 「no matter the +의문사」아무리 ~해도
>
> **no matter what** 무엇이든 간에
> **no matter where** 어디든 간에
> **no matter when** 언제든 간에
>
> 「no matter the +명」 ~가 어떻든 간에
>
> **no matter the weather** 날씨가 어떻든 간에
> **no matter the cost** 비용이 얼마나 들든 간에

32

none the ⎡ better　　더 나아진 것이 없는
　　　　　 ⎣ worse　　더 나빠진 것이 없는

- He is **none the better** for my advice.　　그는 나의 충고를 듣고도 더 나아진 것이 없다.
- She is **none the worse** for her experience.　　그녀는 (나쁜) 경험을 겪고도 더 악화되지 않았다.

탁쌤의 Tip **nonetheless = nevertheless** 부) 그럼에도 불구하고, 그렇지만

33

now (that)　　~이니까(because, as the result of)

- **Now (that)** the exam is over, I am going to relax.
  이제 시험이 끝났으니까 쉬어야겠다.

탁쌤의 Tip 구어체에선 now만으로도 충분히 접속사의 역할을 함

34

on ~ing　　~하자마자(as soon as)

- What was his reaction **on** see**ing** you?
  너를 보자마자 그의 반응이 어땠니?

35

on condition that ~라는 조건으로, ~라면(if)

- He lent me the money **on condition (that)** I pay it back within three weeks.
  그는 내가 3주 안에 돈을 갚겠다는 조건으로 돈을 빌려주었다.

탁쌤의 Tip **condition** ① 상태 ② 조건

36

on the grounds that ~라는 이유로(because)

- We oppose the bill, **on the grounds that** it discriminates against women.
  우리는 그 법안이 여성을 차별한다는 이유로 반대한다.

탁쌤의 Tip **ground** 명) ① 땅 ② (복수) 근거, 이유

CHECK-UP TEST

1. I can't catch up with you, _____________ I do.
   내가 아무리 해도 너를 따라잡을 수는 없다.
   a. no matter what   b. no matter when

2. Don't bother me <u>because</u> I'm in a bad mood.
   나 기분이 안 좋으니까 귀찮게 하지마.
   a. now that   b. on condition that

3. Come home <u>as soon as you leave</u> your office. 퇴근하자마자 집에 와라.
   a. on leaving   b. in leaving

4. He undertook it ___________ she would help him.
   그녀가 그를 도와준다는 조건으로 그는 그 것을 인수했다.
   a. on conditions that   b. on the base

정답 1.a 2.a 3.a 4.a

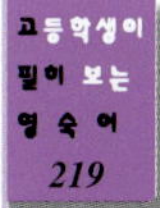

37

on the point of ~ing
on the verge of ~ing
on the brink of ~ing

막 ~하려고 하는(be about to v)

- She is **on the point[verge] of** cry**ing**.
  그녀가 막 울려고 한다.

기본 개념 ~하려는 순간[가장자리]에 있는 : point : 순간, verge, brink : 가장자리

38

provided (that) 만일 ~라면(providing)

- Investing offshore is legal, **provided that** all income is declared.
  모든 소득만 공개된다면 해외 투자는 합법적이다.

기본 개념 ~라는 상황이 주어진다면 : if의 대용어

39

regardless
irrespective of ~에 관계없이(without regard to)

- We can employ anyone **regardless[irrespective] of** age and sex.
  우리는 나이, 성별에 관계없이 어떤 사람도 고용할 수 있다.

탁쌤의 Tip regardless는 '영향 받지 않는' 의 뜻

40

strictly speaking 엄격하게 말해서

- **Strictly speaking**, spiders are not insects.
  엄격하게 말해서, 거미는 곤충이 아니다.

41

the last person to + ⓥ 결코 그런 일을 하지 않을 사람인

- Anna is **the last person to** lie.
  애나는 결코 거짓말을 할 사람이 아니다.

기본 개념 ~할 마지막 사람이다 : 결코 ~하지 않을 사람임에 대한 우회적 표현

42

take it for granted that　～을 당연한 것으로 여기다

- He **took it for granted that** he would pass the exam.
  그는 시험에 합격할 것이라는 것을 당연하게 생각했다.

탁쌤의 Tip that절 내용을 이미 주어진(for granted) 것으로 받아들이니(take it) 결국 **당연한 것으로 여기다**의 뜻이 됩니다.

43

that is　즉, 말하자면

- The admission charge is reduced for children, **that is**, anyone under 15 years old.
  입장료가 아이들, 즉 15세 이하의 어린이에게는 할인됩니다

탁쌤의 Tip that is는 부연 설명을 위한 말로 보통 문장 내에서 **삽입되어** 쓰임

44

the former, the latter　전자, 후자

- Between French and Chinese as the foreign language I chose **the former[latter]**.
  외국어로서 불어와 중국어 중 난 전자(불어)[후자(중국어)]를 택했다.

탁쌤의 Tip **former** 형) 이전의　**latter** 형) 나중의

CHECK-UP TEST

1. She was on the <u>point</u> of parking. 그녀는 막 주차하려는 참이었다.
   a. verge　　　　　　　b. ground

2. He is the ___________ betray his friends.
   그는 결코 자신의 친구를 배신할 사람이 아니다.
   a. last person to　　　b. last person not to

3. This hotel costs equally ___________ room size.
   이 호텔은 방 크기에 관계없이 비용이 같다.
   a. regardless of　　　b. brink of

4. We ___________ that she would win a gold medal.
   우린 그녀가 금메달을 딸 것을 당연하게 여겼다.
   a. took it for granting　　b. took it for granted

정답 1.a 2.a 3.a 4.b

45

to be frank (with you)　솔직히 말해서(frankly speaking)

- **To be frank**, I think it's a bad idea.
  솔직히 말해서 그 생각은 안 좋은 것 같아.

46

to make matters worse　설상가상으로(from bad to worse)

- The team has lost the last game and, **to make matters worse**, two best players are injured.
  그 팀은 지난 게임에서 패배했고 설상가상으로 최고 기량의 두 선수가 부상을 당했다.

47

to tell the truth　사실은, 사실을 말하면(to be frank)

- I don't really want to go out, **to tell the truth**.
  사실은 나 정말 나가고 싶지 않아.

48

to one's surprise　놀랍게도

- **To our surprise** he is the criminal.
  (우리가) 놀랍게도 그가 범인이었다.

> **탁쌤의 Tip**
> **to one's + 감정명사**　~하게도
> **to one's disappointment**　실망스럽게도
> **to one's happiness**　행복하게도
> **to one's sadness**　슬프게도
> **to one's dismay**　실망스럽게도

49

whether A or B　A일지 B일지
whether A or not　A일지 아닐지

- She was uncertain **whether** to stay **or** leave.
  그녀가 머무를지 떠날지 불확실하다.
  She was uncertain **whether** to stay **or not**.
  그녀가 머무를지 그렇지 않을지 불확실하다.

50

when it comes to   ~에 관해서라면

- He's an expert **when it comes to** computers.
  컴퓨터라면 그 사람이 전문가지.

51

with a view to ~ing   ~하기 위해(with the aim of ~ing)

- We bought the cottage **with a view to** settl**ing** down there after retirement.
  우리는 은퇴 후 그곳에 정착하기 위해 그 시골집을 샀다.

탁쌤의 Tip **view** ① 전망 ② 의견 ③ 의도

동의 숙어 in order to + v / so as to + v / with the aim of ~ing

52

would rather   ~하는 것이 좋겠다(would prefer to v)

- **I'd rather** have a quiet weekend in my place.
  집에서 조용한 주말을 보내는 것이 좋겠다.

would rather A than B   B하는 것보다 A하는 것이 낫겠다

- **I'd rather** die **than** apologize to her.
  그녀에게 사과하느니 죽는 것이 낫겠다.

CHECK-UP TEST

1. <u>To tell the truth</u>, this room stinks. 솔직히 말해서, 이 방은 고약한 냄새가 나.
   a. Strictly speaking   b. Frankly speaking

2. To make matters _____, I had my right arm broken.
   설상가상으로, 내 오른팔이 부러졌다.
   a. worst   b. worse

3. ____________, he didn't know whether it was 6 or 9.
   놀랍게도, 그는 6인지 9인지 알지 못했다.
   a. To my surprise   b. with my surprise

4. I'm an outsider ________ politics. 정치에 관해서라면 나는 문외한이다.
   a. when it goes for   b. when it comes to

정답 1.b 2.b 3.a 4.b

어법 숙어

특정 전치사와 함께 쓰여 어법을 이룬 숙어들만을 따로 정리하여 숙어 학습의 효율성을 높입니다.

1

both A and B   A, B 둘 다, 모두

- **Both** American **and** North Korean leaders agreed on the proposal.
  미국과 북한 지도자들이 그 제안에 동의했다.

> 탁쌤의 Tip 「**both A and B**」가 주어일 때 → 복수 취급

2

either A or B   A, B 둘 중 하나

- **Either** she leaves **or** I will.
  그녀가 떠나든 내가 떠나든 둘 중 하나다.

> 탁쌤의 Tip 「**either A or B**」가 주어일 때 → 단수 취급

3

neither A nor B   A 또는 B 둘 다 ~아니다

- **Neither** he **nor** his wife is concerned about their children.
  그도 그의 부인도 둘 다 아이들에 대해 걱정하지 않는다.

> 탁쌤의 Tip 「**neither A nor B**」가 주어일 때 단수 취급

neither of + 복수 명사   둘 다 ~아니다

- **Neither of** us speaks Japanese.
  우리 둘 다 일본어를 못해요.

> 탁쌤의 Tip 「**neither of** + 복수명사」가 주어일 때 → 단수 취급

4

A is to B what C is to D   A와 B의 관계는 C와 D의 관계와 같다

- Church **is to** Christianity **what** temple **is to** Buddhism.
  교회와 기독교와의 관계는 절과 불교와의 관계와 같다.

5

abstain ⎤
refrain ⎦ from   ~을 삼가다, 절제하다(keep away from)

- Please **abstain[refrain] from** smoking in this area.
  이 지역에서는 흡연을 삼가해 주십시오.

6

accuse A of B   A를 B의 혐의로 고발[비난]하다(charge A with B)

- He **accused** me **of** assault.
  그는 나를 폭행 혐의로 고발했다.

탁쌤의 Tip 여기서 of 는 '이유' 의 of

7

as[so] far as I'm concerned   내가 관련되어 있는 한은

- **As far as I'm concerned** you can do whatever you want.
  내가 관련되어 있는 한 네가 원하는대로 할 수 있다.

CHECK-UP TEST

1. _____ soy sauce _____ bean curd are made from beans.
   간장과 두부 둘 다 콩으로 만들어진다.
   a. Both - and   b. Neither - nor

2. France _____ French _____ Germany is to German.
   프랑스와 불어의 관계는 독일과 독어의 관계와 같다.
   a. is to - that   b. is to - what

3. You should _________ flesh and meat. 너는 육류를 삼가야 한다.
   a. abstain from   b. absent from

정답 1.a 2.b 3.a

8

ascribe / attribute] A to B A를 B의 탓[덕]으로 돌리다(put A down to B)

- The police **ascribed[attributed]** the accident **to** drunk driving.
  경찰은 그 사고의 원인을 음주운전 탓으로 돌렸다.

> **탁쌤의 Tip** **attribute**는 명사로 '**속성, 특징**' 의미도 있음.

9

attach A to B A를 B에 붙이다(paste A to B)

- **Attach** a recent photograph **to** your application form.
  최근 사진을 신청서에 붙이시오.

> **more** **detach A from B** A를 B에서 떼어내다
> - You can **detach** the hood **from** the jacket.
>   자켓에서 모자를 떼어낼 수 있습니다.

10

be absent from ~에 결석하다(↔ be present at ~에 출석하다)

- The student **is** regularly **absent from** school.
  그 학생은 정기적으로 학교에 결석한다.

11

blame A for B A에게 B에 대한 책임을 돌리다(ascribe)

- He **blamed** me **for** the accident.
  그는 그 사고에 대한 책임을 나에게 돌렸다.

> **more** **be to blame for** ~에 대한 책임이 있다(be responsible for)
> - He **was to blame for** the accident.
>   그는 그 사고에 대한 책임이 있다.

> **탁쌤의 Tip** blame은 '(잘못에 대한) 책임' 이란 뜻의 명사로도 쓰임

12

compensate A for B A에게 B에 대해 보상[변상]하다(indemnify)

- The firm will **compensate** workers **for** their loss of earnings.
  그 회사는 직원들에게 그들 소득의 손실분을 보상해줄 것이다.

> **탁쌤의 Tip** 「compensate for ~에 대해 보상하다」형태로도 잘 쓰임

13

clear A of B   A에서 B를 치우다[없애다]

- We **cleared** the road **of** snow.   우리는 도로의 눈을 치웠다.

탁쌤의 Tip 여기서 **of**는 **제거 · 박탈**의 뜻

14

deprive A of B   A에게서 B를 박탈하다(rob[strip] A of B)

- The court **deprive** him **of** his rank.
  법원은 그의 지위를 박탈했다.

탁쌤의 Tip 여기서 **of**는 **제거 · 박탈**의 뜻

CHECK-UP TEST

1. The company <u>compensated</u> consumers for their loss.
   회사는 소비자들에게 손해를 보상하였다.
   a. ascribed   b. indemnified

2. He <u>ascribed</u> his failure to his bad luck.
   그는 자신의 실패를 불운 탓으로 돌렸다.
   a. blamed   b. attributed

3. ______ a price tag to each product. 제품마다 가격표를 붙여라.
   a. Attribute   b. Attach

4. She was ______ of her privilege. 그녀는 자신의 특권을 박탈당했다.
   a. imposed   b. deprived

정답 1.b 2.b 3.b 4.b

15

force ⌈ A into ~ing ⌉   A를 ~하도록 강요하다(compel A to v)
⌊ A to + ⓥ ⌋

- I had to **force** myself ⌈ **into getting** up early.
                   ⌊ **to get** up early.

나는 일찍 일어나야 했다.

> **탁쌤의 Tip** 「타동사+목+into ~ing」 어법 : ~를 ~하게 하다

16

inform A of B   A를 B에게 알리다, 통지하다(apprise[notify] A of B)

- Please **inform** us **of** any change of your address.
주소가 변경되면 저희에게 알려주세요.

17

impose A on B   A를 B에게 부과[징수]하다(put A on B)

- The policeman **imposed** a fine **on** him.
그 경찰관이 그에게 벌금을 부과했다.

> **more** **impose on** + 사람 ~에게 부담주다
>
> - I don't want to **impose on** you.   당신께 부담주고 싶지 않아요.

18

relieve A of B   A에게서 B를 덜어주다

- He **relieved** her **of** her bags.   그는 그녀의 가방을 들어주었다.

> **탁쌤의 Tip** relive A of B는 문맥에 따라 '**해임하다; 훔치다**' 의 의미도 가능

19

remind A of B   A에게서 B를 생각나게 하다

- The picture always **reminds** me **of** my mother.
그 사진은 내게 늘 엄마를 생각나게 한다.

20

substitute A for B
substitute B with A] A로 B를 대체하다(replace B with A)

- You can **substitute** honey **for** sugar.　설탕 대신 꿀을 쓰셔도 됩니다.
  =You can **substitute** sugar **with** honey.

[탁쌤의 Tip] substitute는 명사 '대체물, 교체 선수' 의 의미로도 많이 쓰임

CHECK-UP TEST

1. New boss <u>forced</u> everyone to work late.
   새 상사는 모두에게 야근하도록 강요했다.
   a. compelled　　　　b. notified

2. We'll <u>apprise</u> you of our new policy.
   당신께 저희의 새 정책을 알려드리겠습니다.
   a. clear　　　　b. inform

3. This scent _____ me ___ her. 이 향기는 내게 그녀를 생각나게 한다.
   a. relieve - of　　　　b. remind - of

4. He substituted young player ___ a veteran one.
   그는 노장 선수를 젊은 선수로 대체하였다.
   a. with　　　　b. for

정답 1.a 2.b 3.b 4.b

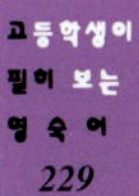

회화 숙어 회화에 직접적으로 쓰이는 표현들을 따로 정리!
실제로 이런 표현을 한 번 써먹어 본다면 더 잘 외워지겠죠?

1 call it a day 하루 일과를 마치다

- Look, we're all tired and let's **call it a day**.
  자, 우리 모두 피곤하니까 오늘 일 마칩시다.

탁쌤의 Tip 그것을 하루라고 부르다 ⇒ 오늘 하루는 여기까지 합시다~

2 Don't mention it 천만에요, 별 말씀을(You're welcome.)

- "Thanks for the ride home." "**Don't mention it.**"
  "집에 태워다 주셔서 감사드려요." "별 말씀을."

기본 개념 그런 말씀 마세요.

3 God (only) knows 아무도 몰라(Nobody knows.)

- **God knows** what she thinks.
  그녀가 무슨 생각을 하는 지는 아무도 몰라.

탁쌤의 Tip 하나님만 아신다는 것은 아무도 모른다는 말의 강조!

4 It beats me (도저히) 모르다(have no idea)

- **It beats me** how he could pass the exam.
  그가 그 시험에 어떻게 합격할 수 있었는지 도저히 모르겠다.

탁쌤의 Tip It(그것이) beats me(나를 패배시키다)라는 것은 결국 내가 이해하려 해도 그것에 지다, 즉 이해할 수 없다의 의미

5

It doesn't matter   중요하지 않다, 괜찮다(That's O.K)

- "Oh! we've missed the bus!" "**It doesn't matter**, we've plenty of time."
  "오! 이런.. 버스를 놓쳤잖아!" "괜찮아. 우리 시간 충분해."

> 탁쌤의 Tip **matter**   자) 중요하다
> - The matter **matters** to him.   그 문제가 그에게는 중요하다

6

It's a piece of cake.   식은 죽 먹기야.

- "Can you seduce him?" "**It's a piece of cake**."
  "너 걔 꼬실 수 있어?" "식은 죽 먹기지."

> 탁쌤의 Tip   '한 조각의 케이크이다' 라는 말은 우리말의 '**식은 죽 먹기**' 란 말과 같아요

CHECK-UP TEST

1. I appreciate your help. - <u>You're welcome</u>.
   도와주셔서 감사합니다– 천만에요.
   a. It beats me   b. Don't mention it

2. What's his plan for the future? <u>Nobody knows</u>.
   그의 장래 계획이 뭐야? 아무도 모르지.
   a. God knows   b. It doesn't matter

3. Let's __________ and take a rest. 오늘은 이만 마치고 쉬자.
   a. call off a day   b. call it a day

4. It's <u>a piece of cake</u> to deal with this problem.
   이 문제를 다루기는 쉽다.
   a. hard   b. easy

정답 1.b 2.a 3.b 4.b

7

mind one's own business 자기 일에 신경 쓰다

- "How much money does your father earn?" "**Mind your own business**!"
"너희 아버지 얼마 버시니?" "니 일이나 신경 써!"

탁쌤의 Tip **business** ① 사업 ② (일반적인) 일
more **It's none of your business.** 니 일 아니거든.

8

No sweat. 힘든 일 아냐. 문제없어.(No problem.)

- "Can you finish the work tomorrow?" "**No sweat**."
"너 내일까지 그 일 끝낼 수 있어?" "문제없어."

탁쌤의 Tip 땀 한 방울 안 나는 일이라는 것은 **아주 쉬운 일**을 뜻함

9

No way. 안 돼.

- "Mom, can I have an ice cream?" "**No way**."
"엄마, 나 아이스크림 먹어도 돼요?" "안 돼."

10

take a rain check 나중에 하다

- "Let's have a dinner." "I'd love to but I'll **take a rain check**."
"저녁 같이 먹자." "나도 그랬으면 좋겠는데 나중에 하자."

탁쌤의 Tip 다음 경기표를 받아든다(rain)는 것은 다음 경기에 다시 오겠다는 뜻.

유래 비로 인해 경기를 할 수 없을 때 경기장 측에서 다음 경기표(rain check)를 나누어 준데서 유래

CHECK-UP TEST

1. Did you gain high grade? ___________.
   점수 잘 받았니? 네 일이나 신경 써.
   a. Mind your own business   b. Talk of the devil

2. Can you go with me? <u>No problem</u>. 나랑 같이 가줄래? 문제없어.
   a. No sweat   b. Not at all

3. Sorry, I got an urgent business. Can I _______?
   미안, 급한 용무가 생겼어. 다음으로 미뤄도 될까?
   a. take a rain check   b. take a rain bill

4. student: Can you limit the field of a problem?
   선생님, 시험범위 좀 줄여주실 수 있나요?
   teacher: ______. 안돼.
   a. Out of the way   b. No way

정답 1.a 2.a 3.a 4.b

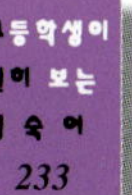

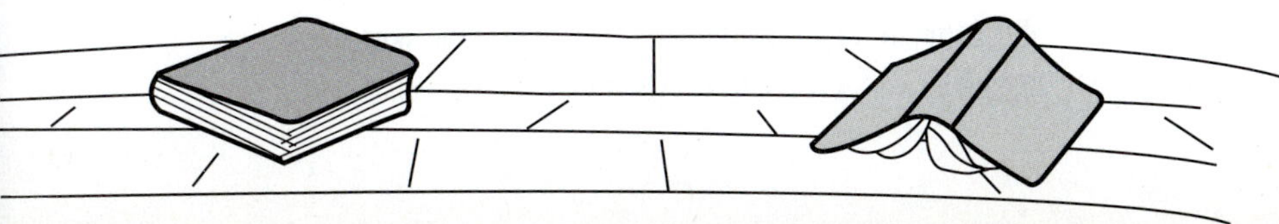

고필히 영숙어 PART5
유래가 있는 숙어
(idioms that have their
own origins)

1 a feather in one's cap　명예, 자랑거리

- The car is **a feather in his cap**.
그 차는 그의 자랑거리다.

유래　옛날 인디언들이 적을 1명 죽일 때마다 모자에 깃털(feather)을 달아주었던 데서...

2 beat around[about] the bush　말을 빙빙 돌리다

- Don't **beat around the bush**; get to the point.
말 빙빙 돌리지 말고 요점을 말해.

유래　사냥꾼들이 막대기로 수풀(bush) 주변을 두드리며 사냥감 (game)을 밖으로 몰아내려 한 데서...
　　　즉, 핵심(사냥감)은 건드리지 않고 다른 얘기만 함.(수풀 주변만 두드림)

3 bite the bullet　이를 악물고 참다, 고통을 이겨내다

- To be a good employer, you've got to **bite the bullet**.
훌륭한 사람이되기 위해서는 이를 악물고 참아야 한다.

유래　미국의 남북전쟁 당시 부상당한 병사의 입에 총알(bullet)을 물리고 수술을 감행한 데서...

4 blue-blooded　명문가 출신의, 귀족 태생의

- George W. Bush is a **blue-blooded** background.
죠지 부시는 명문가 출신이다.

유래　옛날 백인 왕실 사람들이 하얀 피부에 파랗게 비치는 혈관을 보이며 과시한 데서...

5 break the ice　어색함을 깨고 이야기하다

- Sam's arrival **broke the ice** and people began to talk and laugh.
샘의 도착으로 어색한 분위기가 깨지고 사람들이 얘기하고 웃기 시작했다.

n. **icebreaker**　붙임성 강한 사람, 분위기를 풀어주는 것

more **the life of the party**　분위기 메이커 / **wet blanket**　흥을 깨는 사람

유래　얼어붙은 항구에 배가 통과할 수 있도록 쇄빙선이 미리 얼음을 깨놓은 것에서...

6

cook one's goose   기회를 망쳐놓다(spoil one's chance)

- Laziness makes Jone **cook his goose** in many cases.

  게으름으로 인해 존은 많은 일에서 기회를 망쳤다.

  more **goose pimples(bumps)** 닭살
- I've got goose pimples[bumps].   나 닭살 돋았어.

  유래 적국의 병사들이 쳐들어 온 장군을 조롱하기 위해 성곽 위에 매달아 놓은 거위에 분개해 실제 그 성을 점령하고 그 거위를 삶아버렸던 데서...

7

cut the Gordian knot   골치 아픈 문제를 단 번에 해결하다

- The leader have tried to **cut the Gordian knot**.

  그 지도자는 어려운 문제를 단 번에 해결하고자 했다.

  유래 알렉산더(Alexander) 대왕이 누구도 풀 수 없었던 고디안의 매듭(Gordian knot)을 단칼에 잘라 풀어버렸던 데서...

CHECK-UP TEST

1. The car accident <u>spoiled her chance</u>.

   차 사고가 그녀의 기회를 망쳐놓았다.
   a. cooked her goose   b. gave her the cold shoulder

2. To my surprise, he is ______. 놀랍게도 그는 명문가 출신이다.
   a. a feather in his cap   b. blue-blooded

3. She usually plays a role of ______ at party.

   보통 그녀는 파티에서 서먹함을 깨주는 역할을 한다.
   a. breaking the ice   b. cutting the Gordian knot

4. He __________ to be an artist.

   그는 예술가가 되기 위해서 고통을 이겨냈다.
   a. bit the bullet   b. got the sack

정답 1.a 2.b 3.a 4.a

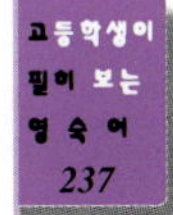

8

eat humble pie　잘못을 인정하다, 굴욕을 감수하다(eat crow)

- He was forced to **eat humble pie** and publicly apologize to her.
  그는 어쩔 수 없이 굴욕을 감수하고 공개적으로 그녀에게 사과해야 했다.

유래 옛날 귀족들이 사냥에서 잡은 짐승의 맛좋은 고기는 자기들이 먹고 염통, 간, 내장 등 맛없는 부위는 하인들에게 나누어 준 numble pie(불어)의 변형으로 humble pie(영어)가 됨.

9

face the music　처벌[비판]을 당당히 받다

- It is courageous to **face the music**.
  처벌을 당당히 받는 것은 용기있는 일이다.

유래 군대에서 불명예스러운 일로 추방되는 군인의 잘못을 널리 알리기 위해 연주를 했던데서…

10

get the sack　해고당하다(get the pink slip)

- He **got the sack** for stealing.
  그는 훔친 일로 인해 해고당했다.

유래 사장이 '짐 싸!' 하며 보따리(sack)를 던져 준 데서…

11

give somebody the cold shoulder　~를 냉대하다, 푸대접하다

- Don't **give** me **the cold shoulder**. You'll be regretful someday.
  날 푸대접하지 마시오. 언젠간 후회하게 될테니까.

유래 중세 시대의 종말과 더불어 기사(knight)들의 위세가 꺾임에 따라 마을에 찾아 온 기사들에게 마을 사람들이 먹다 남아 식어버린 양고기의 어깨 부위(cold shoulder)를 내어줬던 데서…

12

give somebody the bird　야유하다

- The audience **gave** the speaker the **bird**.
  청중은 그 연사에게 야유를 보냈다.

유래 관객이 소리지르며(우~우~)야유하는 소리가 거위들이 우는 소리와 비슷하여 비유된 말.

(more) **get the bird** 야유를 받다

13

go to town   활기를 띠다, 열심이다

- Angela really **went to town** on buying things for her new house.
  안젤라는 새집에 들어갈 물건들을 장만하느라 바빴다.

  유래 town(시내)은 늘 사람들이 분주한 것에서...

14

have ants in one's pants   안절부절 못하다, 몹시 불안해하다.

- Why are you moving around as if you **have ants in your pants**?
  너 불안한 사람처럼 왜 서성거리니?

  유래 바지 속에 개미들이 들어가 있다면 근질거려 도저히 가만있지 못하겠죠?

15

hit the nail on the head   정곡[핵심]을 찌르다(You bet)

- "I think she's homesick." "You've **hit the nail on the head**."
  "내 생각에 그녀는 향수병에 시달리는 것 같아." "네 말이 딱 맞다."

  유래 못(nail)의 대가리(head)를 정확히 때려 나무에 쑥 찔러넣는 것에서...

CHECK-UP TEST

1. Corrupt politicians had to <u>eat crow</u>.
   부패한 정치인들은 굴욕을 참아야만 했다.
   a. eat humble pie   b. beat around the bush

2. Why does he __________ ? 왜 그는 안절부절 못하고 있니?
   a. have ants in his pants   b. give himself the bird

3. He's a man of few words but ____________ when saying.
   그는 과묵한 사람이지만 말하면 정곡을 찌른다.
   a. knows the ropes   b. hit the nail on the head

4. She ____ me ______ at the party. 그녀는 파티에서 나를 냉대했다.
   a. gave - a rain check   b. gave - the cold shoulder

정답 1.a 2.a 3.b 4.b

16

It's (all) Greek to me.　난 도저히 모르겠는데요.(It beats me.)

- "Can you solve this math problem?" "**It's all Greek to me.**"
 "이 수학 문제 풀 수 있겠니?" "전 도저히 모르겠는데요."

유래 고대 그리스(Greek) 문자를 전혀 해독할 수 없는데서...

17

jump the gun　지나치게 서두르다, 성급하게 굴다

- I think it would be **jumping the gun** to sign the agreement at this stage.
 내 생각엔 이 단계에서 그 협정에 서명하는 것은 지나치게 서두르는 일 같다.

유래 (육상,수영 등에서) 출발신호를 알리는 총소리(the gun)보다 먼저 달려나간 것에서...

18

jump on the bandwagon　시류에 영합하다, 우세한 편에 붙다

- Politicians tend to **jump on the bandwagon**.
 정치인들은 시류에 영합하는 경향이 있다.

유래 선거 유세를 위한 악대차(bandwagon)들 중 많은 사람들이 있는 악대차에 뛰어오르는 것에서 유래.

19

know the ropes　요령을 터득하다, 많은 경험을 갖고 있다

- The manager **know the ropes** in marketing.
 매니져는 마케팅분야에서 많은 경험을 갖고 있다.

유래 오랫동안 배(범선)를 타봐서 많은 줄들을 어디에 어떻게 매는지 아는데서...

20

make (both) ends meet　수지를 맞추다, 빛 안지고 살아가다

- When Mike lost his job, we could barely **make ends meet**.
 마이크가 일자리를 잃었지만 우리는 가까스로 수지를 맞출 수 있었다.

유래 금전출납부에서 수입 총계액수와 지출 총계액수의 금액을 맞추다. (지출이 수입을 초과하지 않게 하다)

21

on nine cloud　몹시 기쁜, 황홀한

- When she accepted my proposal, I was **on nine cloud**.
 그녀가 내 프로포즈를 받아주었을때 난 너무도 기뻤다.

유래 기독교에서 9번째 구름이 최고의 천국을 의미하는 데서...

22

on the grapevine　　소문으로(in the rumor)

- **I heard about his resignation on the grapevine.**

  난 그가 사임한다는 소식을 소문으로 들었다.

  유래 농부들이 포도 덩굴(grapevine)에서 일하면서 나눈 근거없는 이야기들이 퍼져나간데서...

23

on the nose　　정확히, 어김없이(exactly)

- **He gets up 6 a.m. on the nose every morning.**

  그는 매일 아침 6시에 정확히 일어난다.

  유래 방송국 PD가 진행자에게 검지 손가락을 코에 대고 정시임을 알렸던데서...

24

out of the blue　　갑자기, 예기치 못하게(unexpectedly)

- **The job had been offered to her out of the blue.**

  갑자기 그녀에게 그 일에 대한 제의가 들어왔다.

  유래 원래 이 숙어는 out of the blue sky에서 sky가 빠진 형태로 파란하늘 밖으로 예상치 못한 천둥,번개가 친다는 강조표현. 우리말의 '청천벽력같이' 라는 말과 흡사하다.

CHECK-UP TEST

1. I heard that he killed himself <u>in the rumor</u>.

   나는 그가 자살했다는 것을 소문으로 들었다.

   a. on the cloud　　　　　b. on the grapevine

2. What are you talking about? <u>It beats me</u>.

   무슨 말을 하는 거야? 난 도저히 모르겠다.

   a. It makes ends meet　　b. It's all Greek to me

3. That sitcom seems to __________.

   그 시트콤은 시류에 편승하는 것 같다.

   a. jump on the bandwagon　　b. go to town

4. The News is on the air at 9 p.m. <u>exactly</u>.

   뉴스는 정확히 저녁 9시 에 방송된다.

   a. out of the blue　　　　b. on the nose

정답 1.b　2.b　3.a　4.b

25

pass the buck   책임을 전가하다

- Don't **pass the buck** to me.   나에게 책임을 떠넘기지마.
- **The buck stops with** the boss.   책임은 사장이 진다.

유래 미국 서부시대 때 남자들이 즐겨하던 포커(POKER) 게임에서 패를 돌리는 딜러를 표시하던 사슴 사냥용 총 알(buck)을 다른 사람에게 떠넘긴데서...

26

peeping Tom   관음증 환자(voyeur)

- He is a **peeping Tom**.
  그는 관음증 환자다.

유래 마을 사람들에게 높은 세금을 물리는 것으로 유명한 Godiva라는 영주의 부인인 Lady Godiva가 마을 사람 들을 돕기 위해 알몸으로 말을 타고 도는 것을 몰래 훔쳐보다(peep) 눈이 멀었다는 재단사 Tom에서...

27

skeleton in the closet   (남에게 밝히고 싶지 않은) 집안 비밀, 수치스러운 과거

- None of us is perfect - we all have a **skeleton in the closet**.
  완벽한 사람은 없어. 우리 모두에게는 숨기고 싶은 비밀이 있어.

유래 옛날 어떤 사람이 원수를 살해한 후 벽장 속에 감춰둔 것을 이웃사람들이 발견하고 '벽장 속의 해골' 이라고 부른 데서...

28

spill the beans   비밀을 털어놓다(tell a secret)

- Don't **spill the beans**.
  비밀을 누설하지 마라.

유래 고대 그리스에서는 항아리에 콩(bean)을 넣어 투표를 했는데 누군가가 고의로 그 항아리를 쓰러뜨려 콩들 이 쏟아져나온데서...

29

take a rain check   다음을 기약하다, 다음 기회에 하다

- "Let's have a dinner." "I'd love to but I'll **take a rain check**."
  "저녁 같이 먹자." "나도 그러고는 싶은데 다음에 꼭 하자."

유래 야구장에서 비가 내려 갑자기 경기가 중단되는 경우 다음 경기표(rain check)를 받아든 데서...

30

take something with a grain of salt
있는 그대로 받아들이지 않다, 조금 의심을 해보다

- Most of what he says should be **taken with a grain of salt**.
  그가 말하는 것의 대부분은 의심을 해봐야 돼.

유래 고대 그리스에서는 독히 들어갔다고 의심되는 음식에 소금을 넣어 먹었던 데서...

31

the apple of one's eye　매우 소중한 사람, 애지중지 하는 것

- You're **the apple of my eye**.
  너는 내게 너무도 소중한 사람이야.

유래 성경에서 눈동자를 동그란 사과에 비유한 데서...

32

the birds and the bees　기초 성교육, 성에 관한 지식

- This book contains **the birds and the bees**.
  이 책은 성에 관한 지식들을 담고 있다.

유래 새들과 벌들의 짝짓기를 통해 비유적으로 아이들에게 기초 성교육을 했던 데서...

CHECK-UP TEST

1. Let me <u>tell a secret</u> if you really want to know.
   네가 정말로 알고 싶다면 내가 비밀을 털어놓을게.
   a. spill the beans　　b. pass the buck

2. My only daughter is ______________. 나의 외동딸은 내게 매우 소중한 사람이다.
   a. the birds and the bees　　b. the apple of my eye

3. Everyone has a ___________.
   모든 사람은 밝히고 싶지 않은 집안의 비밀을 갖고 있다.
   a. skeleton in the closet　　b. peeping Tom

4. Take the headlines in the paper _________.
   신문의 헤드라인은 있는 그대로 받아들이지 말아라.
   a. with a rain check　　b. with a grain of salt

정답 1.a 2.b 3.a 4.b

고필히 영숙어

PART 5

idioms that have their own origins

33

the lion's share 가장 큰 몫

- The Department of Defense will still take **the lion's share** of the federal budget.

국방부가 여전히 연방 예산의 가장 큰 몫을 차지하게 될 것이다.

유래 이솝우화 중 사자가 다른 동물들과 함께 사냥한 사냥감을 놓고 가장 큰 몫을 차지한데서...

34

throw in the towel 패배를 인정하다, 항복하다(give up, surrender)

- You should **throw in the towel**.

넌 패배를 인정해야해.

유래 권투에서 한 선수가 일방적으로 얻어 맞아 더이상 승산이 없다고 판단될 때 코치가 링 안으로 흰 수건을 던져 넣은 것에서...

35

under the weather 컨디션이 안 좋은(below[under] par)

- I'm **under the weather** today.

나 오늘 컨디션이 안 좋아.

유래 항해중 날씨가 험해 배가 요동치게 되면 배에 탄 선원들이 멀미를 하게 되는 데서...

CHECK-UP TEST

1. We had better <u>surrender</u>. 우리가 항복하는 편이 나았다.
   a. throw in the towel   b. give out

2. Father takes ___________ of the food in my family.
   우리 집에선 아버지가 음식의 가장 큰 몫을 가지신다.
   a. the lion's share   b. the lion's shape

3. I'm feeling <u>under the weather</u> right now. 지금 컨디션이 좋지 않아.
   a. energetic   b. sick

정답 1.a 2.a 3.b

치사 일람표

전치사는 대부분 공간 ⇒ 시간/숫자 ⇒ 추상의 3가지 의미 변화를 한다.

중요전치사	의 미 (공간 ⇒시간·숫자 ⇒ 추상)
about	(여기저기) 주변 ⇒ 대략, 약- ⇒ ~에 대해서
at	(콕 짚어) ~에
by	(바로) 옆에 ⇒ (늦지 않게) ~까지 ⇒ ~의해
for	(앞에다 두고) ~을 향해 / ~을 위해[대해] /~때문에 ⇒ ~동안 ⇒ 교환
from	~로부터 ⇒ ~을 하지 못하게
in	~안에 ⇒ (짧은 시간) 후에
of	(여러 개 중) ~의, ~로 ⇒ (제거·박탈) ~을
off	~에서 떨어져 ⇒ 시작[출발]하여
on	(접촉) ~에 붙어 ⇒ (특정 날짜·주제) ~에 ⇒ 계속하여
over	(포물선) 넘어가는 ⇒ ~에 관해, ~동안 ⇒ 반복하여
to	(종착) ~에 ⇒ ~까지
up	위로 ⇒ 바짝 붙어 ⇒ 다, 완전히

전치사	의 미
above	~위에 있는 ⇒ ~을 뛰어넘어
across	~을 가로질러
after	~후에
against	~에 반대로 ⇒ ~에 대비하여
ahead	앞에, 앞서
along	~을 따라
around	~주위[주변]에 ⇒ 대략, 약-
as	① ~로서 ② ~처럼(like)
below	~의 아래에
beneath	~의 바로 밑에
between /among	(2개 중) ~사이에 / (3개 이상) ~중에

전치사	의 미
behind	~뒤의, ~에 뒤진
beside	~의 옆에 ⇒ ~와 비교하여
besides	~을 포함하여
beyond	~너머에, ~을 뛰어 넘어
down	아래로 ⇒ ~ 을 따라
like	~처럼 ↔ unlike ~와 달리
out	~밖으로 ⇒ 완전히, 끝까지
through	~을 거쳐 ⇒ ~동안 (내내)
under	~아래의 ⇒ ~ (받는) 중인
with	~와 함께
despite	~에도 불구하고(in spite of)

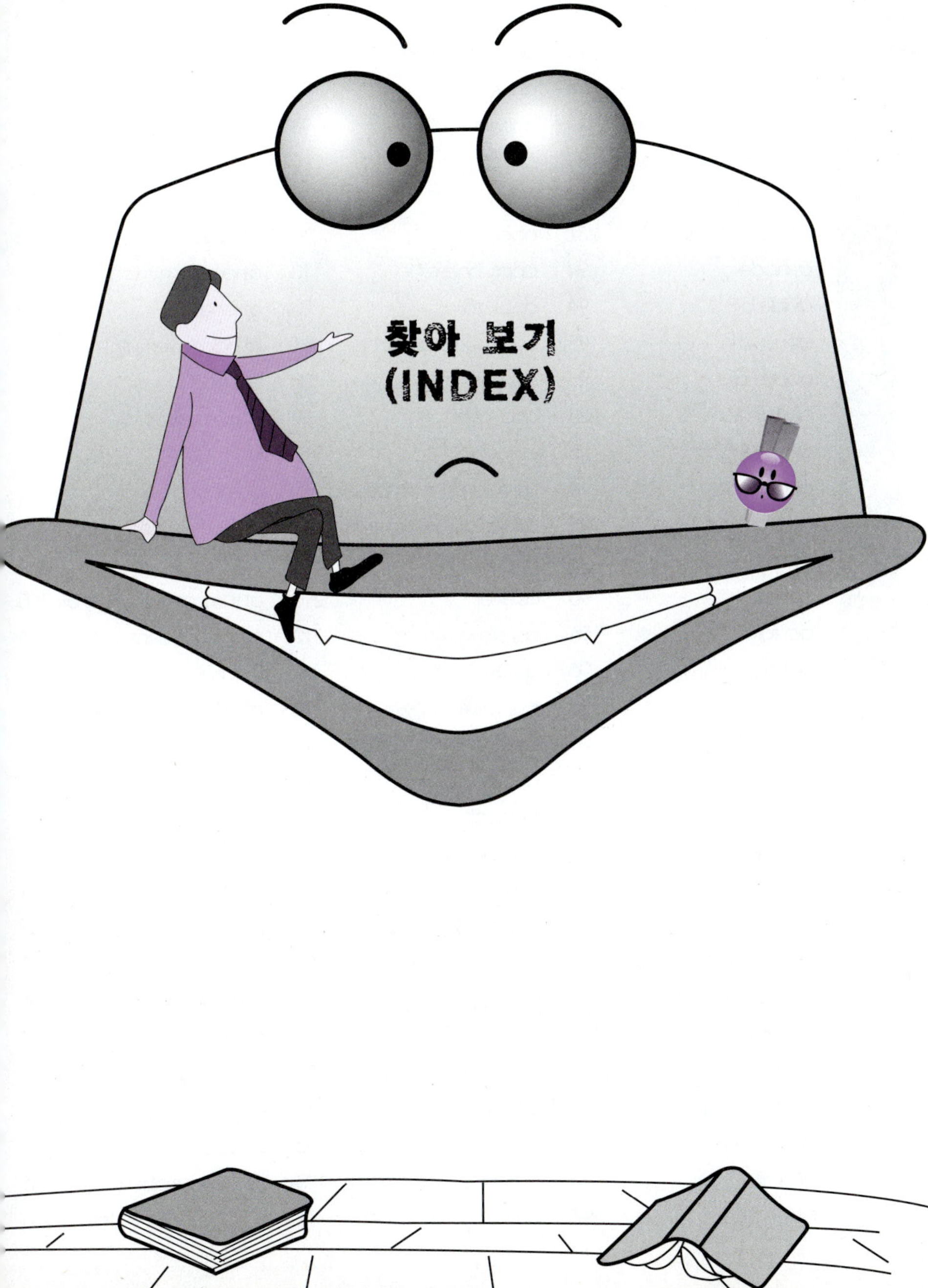

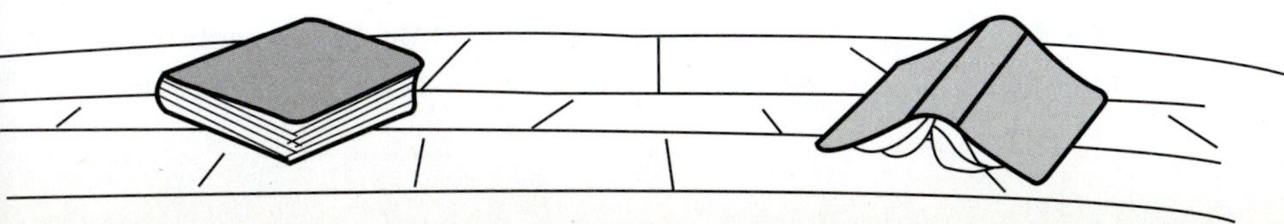
찾아 보기
(INDEX)

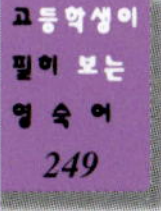

고등학생이
필히 보는
영숙어
249

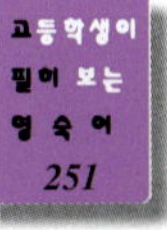

고등학생이
필히 보는
영숙어
251

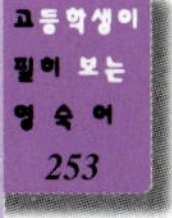

고등학생이
필히 보는
영숙어
253

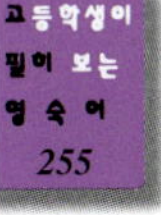

고등학생이
필히 보는
영숙어
255